要做事，先做人。

找工作的策略只有一个 —— 准备得比别人好。

实力+努力+运气=满意求职。

认真做事只能把事情做对，用心做事才能把事情做好。

你的努力别怕别人看不到，也别怕自己吃亏，你的吃亏，别人也看得到。

当你超出老板的预期时，老板回报你的也一定超出你的预期。

……

每个人都可以成为传奇

应届生求职、职场全攻略

应届生求职网 编著

内 容 提 要

本书为《应届生求职全攻略》系列丛书之一，从应届生论坛遴选了十一篇最具普遍意义、关注度最高、最具指导意义的文章，这些文章涉及求学、实习、求职、职场工作方方面面的一手经验，通过这些经验的学习，我们每个人都可能成为传奇。

本书适合高校毕业生以及在校大学生作为求学、实习、求职以及职场工作的参考。

图书在版编目（CIP）数据

每个人都可以成为传奇：应届生求职、职场全攻略/应届生求职网编著. —上海：上海交通大学出版社，2012
（应届生求职全攻略丛书）
ISBN 978-7-313-09052-2

Ⅰ.①每…　Ⅱ.①应…　Ⅲ.①大学生—职业选择
Ⅳ.①G647.38

中国版本图书馆 CIP 数据核字（2012）第 242450 号

每个人都可以成为传奇

——应届生求职、职场全攻略

应届生求职网　编著

上海交通大学 出版社出版发行
（上海市番禺路 951 号　邮政编码 200030）
电话：64071208　出版人：韩建民
常熟市梅李印刷有限公司印刷　全国新华书店经销
开本：787 mm×960 mm　1/16　印张：14.25　字数：206 千字
2013 年 1 月第 1 版　2013 年 1 月第 1 次印刷
印数：1～4030
ISBN 978-7-313-09052-2/G　定价：29.00 元

每个人都可以成为传奇

身处大学校园的你，或许正在享受校园爱情的花前月下，或许正在沉迷于网络游戏的醉生梦死，或许正在为自己的专业成绩而烦恼，或许正在为毕业后的职业发展方向而困惑，或许正在教室为着考研的目标学习到深夜，或许正在实习的公司为了能转正留用而加班努力……这么多或许，组成了每年走出校园、走入社会的应届毕业生的学习、实习工作、科研和生活的经历。有的人通过这些经历积累了经验，毕业时收获了称心如意的工作 Offer，毕业若干年后，无论是在事业还是家庭等方面都顺风顺水；而有的人则浪费了大学里的宝贵时光，毕业后还在为找到一份能糊口的工作而苦苦挣扎。

每个人的经历都是独特的，每个人的经历也都是不可复制的，但是我们可以透过成功人士的过往经历，学到一些成功所应具备的素质。这就是古人所说的“他山之石，可以攻玉”。

在中国大学生最“神奇”的求职论坛——应届生论坛（http://bbs.yingjiesheng.com）里，每年都有大量成功求职的应届生秉承分享、互助的精神，在论坛上分享他们求学、实习、求职及职场工作的经验。我们从应届生论坛中遴选了十一个最具普遍意义、关注度最高、最具指导意义的主题，将它们汇编成书，呈现给所有刚进入大学或者即将毕业离开大学的莘莘学子，希望大家通过阅读这十一个同学的求学、求职及职场经历，能够获得些许启发，从而提升自己的竞争力。

这十一篇文章涉及求学、求职、职场工作的方方面面，也许这些文章中的每个当事人都是一个传奇，但是请相信，其实我们每个人也都可以成为传奇，都有可能拥有美好的未来。这一切需要我们坚定自己的理想，积极思考，不断努力和奋斗，用最充分的准备去达到我们想要的目标。

本书为应届生求职网推出的《应届生求职全攻略》系列丛书之一，该丛书还包括：

(1)《应届生求职简历全攻略》；

(2)《应届生求职笔试全攻略》；

(3)《应届生求职面试全攻略》；

(4)《应届生银行求职全攻略》；

(5)《应届生快速消费品行业求职全攻略》；

(6)《应届生会计师事务所求职全攻略》；

(7)《应届生传媒行业求职全攻略》；

(8)《500强求职路线图——名企HR与你分享校园招聘求职经验》(朱朱姐/著)

该系列求职指导书籍的详细介绍及购买方式请见：

http://vip.yingjiesheng.com/newbook/

由于我们的经验、能力有限，书中难免有很多不足和疏漏之处，欢迎广大读者批评指正，多提宝贵意见。我们的Email联系方式：info@yingjiesheng.com。

最后，祝所有应届生都能顺利找到满意的工作。

应届生求职网

YingJieSheng.COM

2012年8月

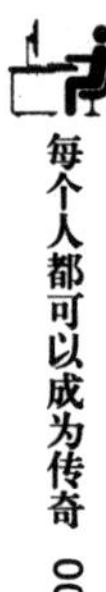

本书涉及公司列表(因个别作者未提及应聘公司真实名称,以下仅选取部分公司供读者参考):

1. 巴斯夫(BASF) …………………………………………… P16
2. 毕博管理咨询公司 …………………………………… P21
3. 电装(中国)投资有限公司 ……………………………… P21
4. 松下集团某子公司 …………………………………… P23
5. 毕马威(KPMG) ……………………………………… P23
6. 普华永道(PWC) ……………………………………… P25
7. 摩根斯坦利 …………………………………………… P27
8. 日本瑞穗实业银行 …………………………………… P28
9. 玛氏一箭牌 …………………………………………… P80
10. 李锦记 ………………………………………………… P80
11. 华为技术有限公司 ………………………………… P109
12. 远东国际租赁有限公司 …………………………… P114
13. 中国南方航空股份有限公司 ……………………… P120
14. 宝洁公司 …………………………………………… P130

目录
Contents

第一楼　每个人都有个传奇

——2008届学姐在上海的传奇求学求职路　001

一楼 fany2007：人称“拼命三郎”。上海某大专——上师大旅游学院本科——外贸学院商务日语硕士——一年巴斯夫实习翻译——在某知名报社做日语翻译采访日本前首相——一年毕博研发日文实习生——松下集团子公司实习翻译——求职面试各种被拒——成功拿到毕博管理咨询 offer

感言：奋斗、努力，从一个高点跳向另一个高点。

年少轻狂：我的专升本考试路　002

继续追寻：我的短暂兼职经历　005

峰回路转：我的考研路　008

努力再努力：我的研究生入学、巴斯夫实习求职经历　014

黎明前的黑暗：我的研究生毕业失败求职经历　020

浴火凤凰：我的毕博管理咨询面试经历　028

七年感悟：奋斗、努力，从一个高点跳向另一个高点　034

网友评论　036

目录
Contents

第二楼　从事业单位到银行的真实感悟
——二本院校农村女生两年来的工作经历　037

二楼 fabulous_q：广东二本B类院校农村女生——深圳某事业单位出纳——跳槽某国有银行柜员——对私业务柜员——对公业务柜员——公司客户经理助理——初级客户经理

感言：认真做事只能把事情做对，用心做事才能把事情做好。

那一年高考：我选择了学费昂贵的二本学校　038
我的求职及事业单位工作经历　039
我的银行对私业务柜员工作经历　048
我的银行对公业务柜员工作经历　050
我的公司客户经理竞聘及工作经历　051
把“打杂”工作做得更好　052
两年来工作经历的总结及经验分享　054
网友评论　056

第三楼　一个同济毕业上海女孩的就业之路及人生感想　057

三楼佚名：同济本科女，经历两个月考研复习，最终放弃——一个月人寿保险公司实习——半个月某知名相机公司实习——某大牛公司实习并被录用——上班伊始挨批，各种悔过——入职半年多升为leader

感言：你的努力别怕别人看不到，也千万别怕自己吃亏，你的吃亏，别人也看得到。

考研与就业的选择　058
我的三次实习经历　058
正式上班伊始挨批，复旦实习生未能留用　061

目录
Contents

我做招聘面试官　063

关于所学专业：学会将郁闷转换为动力　064

对于工资的思考　066

对于考研、读研、学历的思考　067

学会调整混社会的心态　068

领导是这么筛选简历的　069

求职心态及面试经验　070

克制投机的想法　072

学好英语　072

正确对待考试　073

职场上要克服懒惰　074

网友评论　076

第四楼　那些年，我们一起追的 Offer　077

四楼 KOsialfeP：广东某二本院校经济专业男——网投 30 多家企业，8 家进入面试——同时拿到广州电信、深发展银行、广州壳牌石油、益普索市场研究、新世界地产、李锦记中国 6 个 offer，最终选择李锦记培训生

感言：找工作的策略只有一个——准备得比别人好。

我的背景及 Offer 汇总　078

我对于找工作的三个观点　078

我的职业选择观　081

如何选择 Offer　083

网友评论　084

目录
Contents

第五楼　我在北京房地产行业摸爬滚打的这七年　085

五楼 zypcrazyboy：建筑设计男，中等偏下成绩，毕业后进入房地产公司——跟领导混职场，各种加班、各种昏天暗地——两年后进入职业上升期，屌丝华丽转身——五年后跳槽小地产公司设计经理——工作第七年，辞职

感言：人生那么长，炫耀是做给别人看的，本事是自己的。

2004 年：这一年我大学毕业　086
2005 年：买了第一套房，跟着领导混职场　088
2006～2007 年：我的职业上升期　090
2008 年：买了第二套房，考出一级注册建筑师证　092
2009 年：跳槽到小地产公司做设计经理的工作经历　095
2010 年：平淡的一年，没有了激情　097
2011 年：房地产调控，年代越近，记忆越模糊　099
感悟总结：关于机会与选择、青春和大学　100
网友评论　102

第六楼　财经院校女硕士最精心、最真实、最细致的求职旅程　103

六楼 tangtiantiti：女，南方某 985 高校企业管理专业硕士，211 财经院校人力资源管理专业学士——六家公司 offer 全部收入囊中，包括新加坡印咨询（实习转正）、华为、远东租赁、南方航空、宝洁、建行，最终选择南航

感言：如果你自己知道终点在哪儿，世界都会为你让路！

目录
Contents

我的背景及 Offer 汇总　104
打好求职旅行包:软件建设篇　105
打好求职旅行包:硬件配置篇　107
求职旅程收获多:华为 HR 岗位篇　108
求职旅程收获多:远东国际租赁篇　114
求职旅程收获多:南方航空篇　120
求职旅程收获多:再战远东租赁篇　125
求职旅程收获多:宝洁产品供应部篇　130
我的 Offer 纠结及选择过程　138
感悟:求职就像一趟艰难而幸福的旅程　141
网友评论　141

第七楼　非名校生无海投、不网申,10 分钟秒杀 Top 公关公司 Offer　143

七楼 homeless: 非名校本科女——苦练一年,成为酒店钢琴师——艰难入行,进入国际 Top 公关公司实习——超越同龄人飞速成长——无海投、不网申,10 分钟秒杀 Top 公关公司

感言: 当你超出你老板的预期时,老板回报你的也一定超出你的预期。

我的 Offer 收获　144
从酒店钢琴师到公关人　144
找到人生方向,艰难入行第一步:赢在用心　147
初入职场,超越同龄人飞速成长　149
水到渠成,10 分钟秒杀 Top 公关公司 Offer　151
网友评论　151

目录
Contents

第八楼　财务专业女硕士的外企、国企工作经历及选择观　153

八楼 Tovey：非 985、非 211 财务专业硕士女——美企实习，加班无止尽——德企实习，干活多，工资少——毕业进入国企，“水土不服”——四个月后跳槽世界 500 强

感言：经历过后才知道，什么是最适合自己的。

我的背景：非 985、非 211 学校，无后台、无关系　154

我的外企实习经历　154

跳槽到国企，又回到外企　156

大公司、小公司该如何选择　158

给部分同学的回复　159

网友评论　159

第九楼　非牛人非牛校的非正常留学工作经历　161

九楼 apple123321：二流大学理科硕士——电话求职，自制 PPT 简历——三次无缘实习，第四次顺利进入某大牛公司资产管理部(实习转正)

感言：要做事，先做人。

“名不正、言不顺”的出国经历　162

我的另类求职经历　162

我的实习转正经历及心得体会：要做事，先做人　164

网友评论　165

目录
Contents

第十楼　宝洁求职经验：实力＋努力＋运气＝满意求职　167

十楼匿名：“面试中的战斗机”。化学专业本科、人力资源硕士，顺利拿到宝洁 offer

感言：实力＋努力＋运气＝满意求职。

满意求职的定义　168
职业定位及求职实力分析　168
四类企业分析及我的目标求职企业　170
我所总结的宝洁对人才的选择标准　172
自我剖析及三类面试总结　176
我应聘宝洁 CBD 部门的八大准备步骤　178
好运气是建立在实力和努力之上的，学会去争取　192
网友评论　194

第十一楼　一个上海交大学生几天猎头生活的感想　195

十一楼佚名：上海交大工科男，毕业后进入某猎头公司。

感言：规划！系统地规则！

接触猎头行业后，发现 IT 行业有钱人真多　196
IT 行业有钱人的共性　198
做技术，还是做管理或者销售？　199
IT 行业女性的苦衷　200
关于猎头这个行业　201

目录
Contents

切莫频繁跳槽 202
IT 行业高端职位人群的抽样统计 204
感受成功 IT 人的魅力 204
面试经验：Just Be Yourself 205
给大家的建议：提早规划你的职业生涯 207
网友评论 208

附录 209

应届生求职网 YingJieSheng.COM 简介 209
原文出处 210

第一楼

每个人都有个传奇
——2008届学姐在上海的传奇求学求职路

作者(应届生论坛http://bbs.yingjiesheng.com ID):fany0027,网名:狐小妖

一楼 fany2007：人称“拼命三郎”。上海某大专——上师大旅游学院本科——外贸学院商务日语硕士——一年巴斯夫实习翻译——在某知名报社做日语翻译采访日本前首相——一年毕博研发日文实习生——松下集团子公司实习翻译——求职面试各种被拒——成功拿到毕博管理咨询 offer

感言：奋斗、努力，从一个高点跳向另一个高点。

年少轻狂：我的专升本考试路

每个人都有自己的人生，每个人的人生都与别人不同，所以每个人也就有了自己的故事，这个故事我把它叫做传奇。

2008 年 3 月，我要毕业了，这是我第三次拿到毕业学生的就业协议。第一次是在 2003 年(现在说起来竟然都是 5 年前了，时间真是不饶人啊)，非典肆虐的那个夏天，专科，学旅游。常常感叹自己生不逢时，高考的时候发挥得一塌糊涂，成绩一落千丈，掉到了大专线，迷迷糊糊地从千里之外坐了三天火车到了传说中的繁华大上海，再一路颠簸来到了位于上海郊外的学校。那里空气很好，春天盛开着美丽的桃花，晚上会有甜蜜的小情侣们在河边、树林里约会，夏天可以钓龙虾吃，枇杷成熟的时候还可以摘枇杷吃。对了，还有咬死人不偿命的大花脚毒蚊子。难得去一次市区的时候，头天晚上我都会激动地说：“进城咯进城咯！”

虽然学校和我曾经的梦想差之甚远，但是在无数次失落后我并没有自暴自弃。刚来到上海，确实也被很多人排挤过(不好意思，我这么说并不是否定所有的上海人，哪里都有好人、坏人)，所以觉得在外地读书尤其是在上海读书，真的很寂寞，有种被别人欺负的感觉。说不来上海话，听不懂上海话，出去买东西也要被人宰，被一些上海人夸奖的话就是“侬看上怎么不像外地人的嘛”。不过好人当然也是有的，我的好朋友中就有很多是上海的小姑娘，淳朴善良。

因为我是学外语的，外语专业的很多同学也许都很用功吧，所以我在这个学校拿到了很多很多的荣誉，也考出了一些外语证书。

毕业的时候SARS来了，直接后果就是很多读旅游的同学找不到工作了。我在一家知名的旅行社实习了3个月，说实话，这实习期过得也很辛苦，旅行社在我们进去之前就说，他们是不留外地人的，要实习可以，要正式工作的话就早点找别的地方。所以排给我们的团跟上海同学比，数量少很多，质量明显也差很多，这些情况在旅行社工作的同学估计会比我更清楚。

3个月后我决定辞职，然后专心复习考专升本。因为我大专学日语的，英语都忘得差不多了，四级也没有考出来，所以只能考日语。那时候已经是2003年4月了。

这样吭哧吭哧复习了很久以后，在考前一个月左右时，我突然从哪里看见说那年不招日语专业的了（我要考的学校，即上海师范大学），那时候专升本的信息非常少，我也很少上网，消息非常闭塞。我当时只有一个感觉：绝望！深深的、冰凉的、无比深刻的绝望！在绝望之中我给专科的一个非常关心我的老师写了封信，我没想着老师会收到，也没想到他很快就给我打了电话，说实话如果没有这位老师在我人生道路上关键时刻的重要指引，我相信就没有我的今天。

这位老师告诉我可以考上师大的旅游学院，因为我原来就学过旅游，专业知识还是可以的，外语的话现在补补也还来得及。他还告诉我，不要在一棵树上吊死。老师说得很直白，但是也很实用。当时我就是死脑筋，觉得非日语不考了。百无聊赖之际还给动感101（当时还不叫动感101，叫什么也忘记了）发过消息，说我要考日语的专升本，可是不招生了，觉得很绝望。没想到这条消息还被主持人读出来了，而且我还记得主持人说，学外语的话考很高的学历好像作用也不大吧。汗（觉得主持人有时候说话也蛮蠢的），但是在老师的鼓励下，我决定去试试考旅游管理专业。去上师大买参考书时，看见学校灰色的高高的大门，多么气派，里面还有整齐的梧桐树，感觉真是好呀。那时候我就在校门口左边的书店里买了书，没敢走进大门，心里想的就是，要是能考进去多好，就能堂堂正正地走进去了。

考试要考英语、计算机和两门专业课。英语不用说了，对于那时的我来说，难得要死，主要因为当时想的都是日语的词汇，计算机也别提了，那时候没有电脑，也没地方去学、去练。不过学院有培训班，我报了英语、计算机、专业课三个班，大概交了七百多，对于我这个穷学生来说，这真是巨款啊，考不上的话真是要了命了。上了几天培训课，总归还是有点用的。我想我这个人最大的优点就是很刻苦，很勤奋。

我记得好像是7月初考，考试的队伍非常壮大，浩浩荡荡。我们日语系也有很多人来考，都是英语过了四级的，我想大概就我英语最差了，很怕考试死在这上面。我们考的那一场计算机非常难，我也有很多题目没有做完，旁边还有个女生问我怎么把这个花边倒过来（我记得有这道题目），我出于好心还是告诉了她（大家都是考生，做不出来还是很可怜的）。结果就导致我后面的题目没有做完，而且Excel的题目也很难。

于是考完感觉当然巨差，第二天我就踏上了求职路。我现在想想都特别佩服那时候的自己，我们学校给学生发了联系手册，上面有上海大部分旅行社的电话号码，我就一个个电话打过去，说我有日语国际导游证问他们要不要日语导游。可是我正好赶上非典时节，旅游行业一片惨淡，哪里还有旅行社敢要我，虽然我在学校的GPA是3.7，虽然我是上海市优秀毕业生，拿过宝钢奖学金，还拿过其他无数奖学金、三好学生之类的荣誉，可是没有人care这些。难得有几家旅行社叫我过去看看，可都是有了上文没下文的，还有些就以不招外地人为理由拒绝了我。有一家更可笑，那个部长倒是很仔细地看了我的简历，问了我很多问题，最后说了一句，“你这么优秀，怎么就不是上海人呢?”那一刻我十分羞愧地在想，我怎么就不是上海人呢？感觉一下子跌到了冰山的最底部。

还有一个旅行社，我带我同学一起去的，反正她也没事做。事情往往就这么戏剧化，拼命找工作的人没有找到，我同学陪我过去了就被录取了。因为他们要招个坐柜台的，觉得我性格比较外向，大概适合在外面跑。如此郁闷的我就去shopping了，身上还剩下最后一张百元大钞，然后就买了一件95元的T恤，剩下5元坐车回家。

继续追寻:我的短暂兼职经历

那一年上海的夏天很热,据说有40度,可是我每天就这样在外面奔波,为了找到一个可以养活自己的工作。我甚至跟我同学跑遍了衡山路、茂名路的每一个酒吧、饭店,问人家要不要招服务员。我记得衡山路的唐韵茶坊要招服务员,经理问我们住哪里,晚上没有车了怎么回家,我还傻傻地说,可以打车回家,那个经理就说,你们每个月才赚几百块钱啊,还打车回家?最后也没有要我们。一家淮海路上的日式餐馆倒是生意很好,让我们第二天可以来上班,可是要工作到晚上一两点,也是无法解决交通问题,于是又作罢了。

逛到徐家汇的时候,那里有一家日式餐厅在招人,我跟我同学就跑过去问,一进去就觉得那里跟一般餐厅不一样,旁边沙发上坐着一些穿得比较少的年轻姑娘,化着浓妆,对我和我同学投来了那种讨厌的目光。不过我还是硬着头皮问了他们的负责人要不要招服务员。回答是:"我们这里是招小姐的。"我于是继续问:"小姐是做什么的呀?"现在想起来我觉得自己真是傻得可爱。我同学一听就拉着我往外走,我问她怎么啦,她说小姐是那个那个的,现在我明白了,小姐果然是那个那个的,又长见识了。人生的阅历就是这样丰富起来的。

出了那个门才知道旁边一个餐厅才是招服务员的,我们走错门了,汗!继续去问,当时他们说负责人不在,于是我们就把联系方式给了一个服务员,估计最后她没给他们的经理吧,其实我们日语说得比他们好多了,但是后来也没有结果。

于是我开始留意报纸上的招聘广告,因为急于要一份工作,当然也去过一些中介,但是中介是要收钱的,那时候还不知道骗人之类的,而且我们确实也给不出这个钱,所以没有给过。那时候就是一个穷啊,现在想想真是辛酸。看见报纸上一些留了号码的公司就打电话过去,第一个问题就问我是不是上海人,有一家旅游公司说可以的,你们过来吧。于是我跟我同学又屁颠屁颠过去了，结果给人家发了三天卡，就类似于E龙这种卡，还要跑到一些餐厅、酒吧之类的地方，把卡给人家，拜托人家发给来的客人。我记得那个公司还请了一个MBA来给我们讲课，有一个上师大的老师来应聘，但是后来他们请了另外一个，说是一天给1 000元。那时候我想要是我能挣这么多钱就好了！可惜那个MBA来讲课的那天，在那个狭小的局促的办公室里，很多人也没地方坐，我就趴在一堆乱七八糟的不知道是文件还是纸的上面，等MBA说完"今天就讲到这里！"我啪地一下就醒了。实在汗颜，连MBA的课都睡着了，奔波得实在是太累了。有时候想想有多少小姑娘能像我这样满大街跑，为了一口饭去看人家的脸色，求人家？那年我刚满20岁。我想经历过这些，还有什么是生命中不能承受的呢？所有这些我都是一个人默默承受，没有跟家里人说，觉得完全没必要。等我混得好了，衣锦回乡、扬眉吐气的时候再说吧。对家里人来说我就是个喜鹊，报喜不报忧。我的一个老师说我跟男孩子性格很像，我觉得很多男孩子也许还不如我呢，呵呵。

这个公司老喜欢开会，说一些不知所云的话。在来这个公司的第三天，当一些新招的、也不知道什么学历、看上去就像是会出去骗钱搞推销的那些人在一起开会吵吵闹闹的时候，我同学发消息跟我说，上师大来了一封信，要不要帮我看。我那时叫一个激动啊，忐忑啊。我说好好好，快帮我看。几十秒后，我同学打电话说："你被录取了！"

我现在还清晰地记得那时刻我的心情。从内心深处深深涌现出的一股巨大的喜悦把我从头笼罩到脚，一股巨大的甜蜜包围着我，我看着眼前一群莫名其妙的人还在唧唧咋咋地不知道在说什么，看见他们的嘴一张一合，还有些激动的人手在挥来挥去，嘴边还有说不定比我还激动的唾沫星子飞溅出来，在那里规划他们要多久多久赶超携程。我当时真想跟这帮人大喊一声说"我要回去读书了！"可是我还是忍住了，我跟一个比我早进公司一天的号称是"带我的人"——一个高中生同学(说他要去荷兰还是哪里留学的一个小帅哥)说，"我要走了，再见！"于是就像小鸟一样飞出去了。

这张并不怎么靓丽的录取通知书在某种程度上改变了我今后的人生道路。如果没有这张通知书，我想我日后不会再去学英语，不会再去考研，更不会想到我竟然还有在一些知名公司工作的机会。我想我只会也只能平凡地做一个小导游或者别的酒店的前台、大堂之类的工作，总之就是旅游业的人了。当然并不是说导游不好，事实上厉害的导游非常有钱，可是我觉得导游这个职业跟我设想的太不一样，我想要做一个优秀的导游，让国外游客了解我们美丽、伟大的祖国。可是事实上，我只是一个不大能为公司赚到钱、很笨、很老实的小导游。

拿到通知书的那天，我回到租的那个小房间，坐在床上，忽然发现在巨大喜悦之后竟然是深深的失落。我想没有经历过像我这样拼命的一段人生的人是不会理解的。我之前那么多辛苦、那么多辛酸、那么多汗水、那么多失望甚至绝望竟然就被这么一张薄薄的纸结束了?! 那么苦的时候我只流过汗水，没有流过泪水，可是当我一个人回想起这样一段人生的时候却忍不住流泪了。我 17 岁的时候踏上了上海的土地，在之后的三年里我那么努力，我在追寻什么？我又得到了什么？我还失去了什么？在这个繁华大都市里，我常常在人潮如海的人群中迷失了自己的方向，看着身边行色匆匆的人们，他们快乐吗？我呢，我快乐吗？

在我的心里除了失落还是失落，我究竟是在寻觅什么呢？为什么在可以走进那个让我景仰的学校的时候心里却没有了满足感了呢？这样想着想着泪水就滑落在脸庞上，忽然觉得自己好渺小，好孤独。

我打电话给那个关心我的老师，也告诉了他我现在的感觉。老师真是个好人，他除了非常开心之外，还跟我谈了很多很多，让我心里也释然了一些。时至今日，我真的还是有点不能理解当初自己的那种感觉。

但是开学后，我还是很兴奋地背着我的红书包，蹦蹦跳跳地走进了这个校园，那时候就觉得天好蓝，树好绿，一切都那么美好。校园里还有个扎着马尾辫，背红书包，穿红色条纹 T 恤、牛仔裤、运动鞋，被太阳晒得黑黑的我。那时候我有了很多好朋友，每天都是别人的开心果，日子过得很快乐。

进了学校以后，听别人说我们的学号好像都是按分数排的，这样的话，看看我们的花名册，从一号往后数，数完了左边一溜，没有我的，再数右边一溜，倒数第二个还是第几个才是我。不过考进来了，呵呵，还是知足吧。我们日语系就我一个考上的，别的同学英语倒是过线了，都栽在计算机上了。我英语和计算机还算勉强过线吧，总分也勉强过线。

我在这期间的成就就是考出了英语4级，第一次考了56分，无比郁闷。第二次想着再考不过，学位证就没有了，这次倒也争气，居然考了80.5分，无比得意。

时间总是一晃而过，一转眼大四下半学期开学了，又是毕业的季节了。开学后，我爸爸给我打了个电话，说他碰见我高中的数学老师了，老师说要我去考研，巴拉巴拉说了一大堆。我爸爸想了想觉得也该去考研，于是就给我打了这个电话。打完电话后我想了想，似乎也该去考研。可是考研，哪有那么容易啊，这可不像专升本，一两个月就能考上了。我对考研这个概念可是一片茫然啊，考研是个什么东东，怎么考啊？研究生是什么概念，感觉跟天堂一样遥远，是我能够得着的吗？抱着很多很多疑问，还好那时候知道泡BBS，也知道在上面问问，在网上搜搜，知道了考研要考什么，可是我要考什么呢？这时候我一个同学说外贸学院有商务日语的专业，也许可以去试试。

峰回路转：我的考研路

我常常在想，上帝为你关上了一扇门，一定还会为你再开一扇窗。我想在我曲折的求学路上，总是在关键时刻会有一些人出现，为我指明一个方向。考研也是一样。如果没有我的这个同学告诉我，我根本就不知道还有这么一个专业。

当然那时候我也查了上外、交大、复旦、华师大、华理等招日语专业研究生的学校。至于为什么考日语，我还真不知道，只知道，第一，我数学很差，绝对不能考带数学的；第二，虽然我是学旅游的，但是我不想考旅游管理的研究生，至于理由就不说了。这么一总结，再加上这考研的想法本来就是半路杀出来的程咬金，哪里还有多的时间去思考。看看别的学校的日语难度，我觉得实在是高不可攀（至少那时候我是这么想的），而且大都是日本语言文学，而我大专学的是日语，本来语法就学得不是很好，这种语言文学的专业就太可怕了，而且今后就算考上了一定更可怕。

看了我同学推荐的学校和专业，是外贸学院的商务日语，心里想看上去还不错，还能学些商务知识，而且考试也不太会考文学的东西，我想商贸类专业跟我性格也还蛮接近的，所以匆匆忙忙就决定考这个学校了。

对于要考研的同学来说，像我这样太匆忙其实不好，多思考一下要考的学校和专业总不会错的。太匆忙的话难免会做些不成熟、甚至将来也许会后悔的决定。当然，无论是考研也好，做什么事情也好，三思而后行，一定是不会错的。这也是我总结的一个小结论吧。还有一点就是，如果决定要考研了，那么一定要投入十二分的自信和二十分的努力去考一个你觉得满意的学校和专业。因为读研究生，我们要花费2～3年的青春来读书，如果在将来你毕业以后发现难以收回这个机会成本，觉得没有价值，那岂不是件很懊恼的事？所以选择一个你满意的学校和专业，以此作为你的目标去奋斗是不会错的。我的观点就是，自己选的，自己努力过的，不要后悔，无需后悔。

决定好了之后，下一步就是按照学校招生简章上的说明去买相关的书籍、历年真题，这样才知道自己的水平如何，考研的难度如何，衡量一下自己的差距在哪里。

我去书店买指定的商务类日语书时，先倒吸一口冷气。那本书感觉就跟一本大字典一样厚，带在身边绝对还能防身，一书拍下去估计能把坏人拍得找不着北。再翻了翻，又倒吸一口冷气，那个难度，我的妈呀，绝对不是我当时的日语水平能跟得上的。再看看买回来的真题，这冷气吸得滋溜滋溜的，无语了，唉！考研啊，想说爱你不容易。

明确估计了自己的差距不是一点点之后，我去交大报了日语口译考试，因为虽然过了日语一级，可是我觉得自己还是蛮差的。看起来也就这个口译考试的难度还能跟考研考试靠点边吧。从交大前门出来的时候看见门口写着"领航考研"，于是我又糊里糊涂地去交了几百块报了一个政治辅导班，之后又在"新世界"报了日语口译班。这就是我为考研花费的一些大的开销了。除此之外就再没有买过什么资料了。

那时候已经是10月份了，学校里课也不少，我是个乖学生，每节课都会老老实实地去听，做好笔记，以至于从小到大我的笔记一到期末考试就成了抢手货，我想如果我是个有商业头脑的人的话，那个时候卖卖我的笔记估计还能发一笔财呢。可我是个好孩子，当然不会这么做，于是咱们同学几乎人手一本我的各科考试笔记，这也是件很有成就感的事。

所以我在10月份做的事情就是去听听政治班，在学校上课，每周六去上日语口译课。

真正开始宿舍—食堂—宿舍这样两点一线的复习是在11月份。我觉得我的学习效率从来没有像在考研的那段时间那么高过。我的政治就是按照领航发的书以及老师讲的东西背，没有买过别的资料，也没有看过别人的资料。因为是考日语专业的，英语不是统考，我大概就只做一些4、6级的卷子，错的就写在本子上，弄个错题本看。日语呢，我就是把那个大字典似的书使劲啃啊，还能怎么办。

我是个早上贪睡的家伙，早上要睡到9、10点，然后起来去教室占个座位，再去食堂吃饭，接着开始学习，下午困了就睡会午觉，有时候也会睡到哈喇子流三寸长，然后去吃晚饭，再回来看书，晚上困的时候就再睡会儿。看书看到教室关灯了就回寝室，用应急灯再看会，期间还会跟同学打电话聊天聊个把小时，大概2点钟左右睡觉，每天就这样吧。那时候最喜欢的事情是奖励自己吃食堂的鸭块，那个美味啊！还奖励自己喝杯奶茶，冬天冷，捂捂暖手。总之鸭块和奶茶是陪伴我考试时候的好朋友，当然不能每天吃，穷学生嘛，鸭块还2元5角一份呢，哪能顿顿吃。偶尔奖励一下而已，再说吃鸭块很费时间。

大家不要看我现在写得很轻松，当时可绝对是很刻苦的。那时寝室还剩一个室友，我每晚回寝室的时候，她都已经睡觉了。早上她起来去实习，我还在睡觉，就这样，一个礼拜里同住一间屋里的人都见不着面，有事情的话大家互相留言贴在桌上。现在想想也蛮感叹的。我还记得那年的圣诞，上海下了难得的大雪，那天我也一如既往地去教室看书，却发现教室里都没有人了，我想大概考研的同学也给自己放了个假吧。那天特别冷，我都穿了毛裤去看书，耳边传来的是情人们在操场上打雪仗的欢声笑语，只有我默默地在教室看书。那天脚上也冻出了多年不长的冻疮。直到考研前一个多星期，因为总有些班级上课，没有空教室，所以我东晃西晃竟然发现了一教还有个空调教室！心想自己冻了这么久，今天才发现。后来我在那里学习了一天后发现，真得把自己放在头悬梁锥刺股的境界，这效率才高得起来。在那么温暖的教室里看书，暖得只想让人睡觉。大概我这人也是贱骨头命吧。在朝北的教室冻得哆哆嗦嗦还不是一样看啊。

在具体的学习上，我给自己制定了一个计划表，比如说今天政治看 10～15 页，日语看 10～20 页，这样算下这周大概看几页，这个月大概能完成什么目标，总之每周会列个具体的计划。我能考上研究生的最大一个原因就是，我在不长的时间里踏踏实实地执行着我的计划。每次看完了，我就在旁边写上几月几日完成，是早了还是晚了，如果早了，我下次就再多列点计划。这样依次下去，基本上都是提早完成计划，而且当天计划能完成心里就很有成就感，一点都不急，每天都很充实地在看书，觉得考研其实还蛮快乐的。根本都没有想过考不上怎么办，工作怎么办，什么都没想。这样的好处就是心无杂念，能够一心一意地做好一件事。

那时候每天重复这样的生活，天天看书，没有多余的时间去逛超市，甚至没有多余的时间去学校食堂二楼吃饭，因为爬到二楼还要花费时间。吃的比较多的是炒饭，因为吃这个很快就能搞定，不浪费时间。绝对不吃鱼，刺太多，吃这个太浪费时间。总之那时候我就是个"黄脸婆"，洗澡基本上是脏到不能再脏才去洗一次。我觉得考研就是要这样，没有苦行僧的心态也得有点苦行僧的外在，至少得看起来像那么回事。这样才能心无杂念啊，你想，要是打扮得美貌无比，抱着一沓书去教室看，第一，你自己能静下心来吗？第二，旁边的人能静下心来吗？这不是骚扰吗，所以就得低调点，去看书就行了，别引起骚动，利人利己。

写到这里，我得感谢一个人。当然这是个男人。这个男人是我一个在外地读书的同乡。当时考研，真的很苦，我看到很多人都是成双成对地去复习，那些寻找考研同伴的，也是这个理由。那么苦的时候谁不希望有个人在身边鼓励你啊。幸运的是，这个同学也会在遥远的电话那头每天晚上跟我聊会儿天，最重要的是找个幽默点的人说说话多有趣。这种柏拉图式的感情不晓得算不算恋爱，起码也算是种纯纯的感情吧。现在几年过去了，每个人的人生都朝着自己的道路前进了，可是有时候也会怀念一下。如果没有人支持，我想这条路我会走得很辛苦吧。所以考研的 tip 之一就是要知道，考研要有个人在身边支持你，这样就不会那么辛苦。

关于考研学习，我想大家看到的已经很多了，我的经验也就这些了。总之，我觉得制订一个可执行的学习计划并且一定要贯彻到底绝对是有效的。

我记得当时对我鼓舞还比较大的就是在 bbs 上看到的一个号称是三流大学的差生如何以 400 多分考上复旦大学的牛人写的文章。如果大家考研的话，建议也看看这些励志类的文章，当然可看可不看，因为如果你考上了，你也能写一篇牛人的文章。我当时就这么想的，而且还想如果自己考上了，我就要打破研究生无美女的这种说法。不好意思，自恋一下。后来考上了，发现我们这届美女还蛮多的，哈哈。

在这样的学习计划的 push 下，到考试前我政治大概背了四遍，因为我从小到大都是学文科，记性还是很好的，一般考试我都只背一遍就去考了，考高分的情况还是很多的。考导游证时，那么多乱七八糟的政策条例，各个国家、各个朝代、各个民族的风俗习惯、文化、建筑特色等我都是背一遍就去考的，成绩还不错。那时候还真觉得自己是上知天文，下知地理。所以我背了 4 遍政治可以说是滚瓜烂熟了，熟到我觉得自己一看书都会，一合上就觉得完了，怎么啥都想不起来了。那年领航押题说要考党的执政力什么的，那道大题估计有一张 A4 纸那么多，还是让我给啃下来了，可是没考，呵呵。那本大字典似的书，我的学习方法就是背！这是贝多芬给咱的启示呀。背多分！那本书左边是日文版，右边是中文翻译。我的学习方法就是用手把左边蒙住，看中文写日文。这样，一来提高了自己的翻译能力，因为考试是要考翻译的；二来很多难词也就记住了，而且我要求是一个字都不能错，一个助词都不能错。如果有错的、漏的我就在书上划出来，这样就会记住。在这种啃哧啃哧的啃书之下，这本大字典我在考试前也背了两遍。里面还有十几二十篇商务信函，因为我看往年会考一篇翻译，所以我也全部背下来了，还默写了 N 遍，保证这道题目如果出的话能够满分拿下。结果那年考试也没考这道题目。

总之考文科的话，我想背是一定少不了的。我们还要考翻译和写作，翻译肯定是一两个月提高不了的，所以我也是给自己找些难度差不多的翻译资料，尽量多做。语言的东西只要努力，我相信一定能学好的。写作的话更不可能一下子提高，我就给自己出了几个题目，写了一些难度差不多的文章。我还记得自己出的一道是那年东南亚海啸，从而引发的一些国际救援之类的题目，还出了一道中日关系的，还有就是经济类的。这些文章的用语当然是我自己写不出的，我就把书上、报纸上看到的一些好的句子垒在一起，然后背一背，我想这些句子的用法和语法，背背还是会有语感的吧。

考试前一天我决定去大洗一下，把自己弄得干净点，然后第二天去考试。这是我对第二天有重大事情发生时在前一天一定要做的一件大事，跟祭典似的，呵呵。还有就是准备一套新衣服，新衣服没有的话就准备一套干净的衣服，这样让自己感觉神清气爽。习惯因人而异，我不知道别人有没有这个习惯。

可是我这么神圣的举动在那天竟然无法实现。当我积累了那么多天的脏垢去浴室洗澡时，浴室门口贴了个好大的牌子：水管坏，不能洗。我晕，再去东部的浴室，也有个好大的牌子：不能洗。可是我不是一个轻易妥协的人，于是我又去打了两壶热水，在非常寒冷的冬天哆哆嗦嗦地在寝室里神圣了一下，还心里默念：别让我感冒啊。

考研那两天感觉日子还蛮难过的，心里说要赏自己吃好点，可是都没有什么胃口。总之考试的时候就是把自己知道的一股脑都写上去了，也不管对不对。那年的日语写作是我感觉自己写得最好的一篇作文（跟之前的一些弱智文章比），考完后也不知道是什么感觉，心里还蛮钝的，傻傻地跟丢了魂似的就回寝室了。还好我同学的同学打电话给我，说庆祝我考试考完了，请我去看电影，这才把我这个魂给找回来。上了TAXI，司机问我去哪，我本来该说电影院，想了半天没想起来这个用中文怎么说，结果跟司机说成映画馆（真是昏过去）。后来才反应过来，总算让司机明白我要去哪里。

那天看的是《天下无贼》，我真是个容易感动的孩子啊，看刘德华死了就把我给哭得稀里哗啦的。心想葛优一向都是个搞笑的人，怎么这次这么坏呢？看完这部电影我就学会了傻根那句话："你们谁是贼啊？站出来让俺瞧瞧！让俺瞧瞧贼长啥样子勒？大姐，你是贼不？"

我学傻根这句话学得巨像，跟谁说谁都要笑死。我觉得自己还蛮有配音天赋的。看完了电影，去吃了避风塘，跟我同学讲了我考试怎么考的，甚至把自己甚为得意的作文的每一句话都背了出来，我想自己能写出这样的文章跟我之前背了那么一大本字典所做的努力是绝对分不开的。因为很多我觉得还蛮得意的、肯定不会有语法错误，还写得很有难度的句子都是从书上直接引用过来的。那年的作文考试题目是“加入WTO之后的中国经济展望”，跟我之前写的一个关于经济的东西还是蛮相似的。不管怎么说，考试的话我觉得能这么写还是不错的。也感谢我的朋友那么有耐心，还很开心地听我巴拉巴拉说完。

吃完饭还余兴未了，又叫了一个同学去统领唱卡拉OK。那天真像疯了一样，从来没有这么玩过。《快乐崇拜》这首歌我跟我同学完整地嘶吼了两遍，唱了整整一个通宵。早上回来可怜我同学还要上班，可是我不用，哈哈。睡觉睡得我超爽。

考试结束离回家还有几天，那些日子我像是一下失去重心的风筝，飘飘荡荡但是不知道往哪里飞，反而怀念起考研时每天充实的日子了。那几天我都一觉睡到下午三四点，然后起床去吃早饭（也是晚饭），然后就看着夕阳西下，忽然觉得特别彷徨、特别孤独。那种感觉就有点像我接到本科通知书那一刻的心情。至今我的脑海里还深刻地刻着那个画面。夕阳西下，寒意深深，天边一片壮观的暗红，血染的暗红之下我像个游魂似地出现在宿舍的大门口，晃向食堂。身后一片悲壮。

努力再努力：我的研究生入学、巴斯夫实习求职经历

寒假回来，我基本上没有想过自己的考试，就好像考试结束了就好了似的，一点都没有去关注过。期间就对了下政治选择题，50分得了35分，我对政治的预期就是考70分，多了不要，少了不干。给自己的期望值是总分考350分，这样我就知足了，别的没多想。

转眼间跨入2005年，因为我报的日语口译班还没有结束，于是我回来继续每周上一天的日语课，别的时间就看看口译考试的东西，因为马上也要考试了。

某一天我在教室自习的时候，和我一起读口译班的一个同学问我要不要去做翻译，报酬不低。那时候觉得如果自己能做翻译蛮牛的，可是又觉得自己日语太差，还做不了翻译。但是看报酬不低自己还是蛮心动的，决定试试，于是等到了面试电话，让我去面试。

面试那天是个阴天，工作地点在漕泾化工区，我在人民广场坐了班车一路颠簸到了那里。一下车，出现在我眼前的是一个巨大的化工厂，高大的烟囱，感觉这些只在电视上看到过，自己好像是刘姥姥进了大观园。跟着 HR 进去，看见明亮的办公室，还有一些高鼻子黄头发的外国人穿着电视上看见的那种工程师的衣服，觉得这一切好神奇，心里感叹不已。看见一些我觉得应该称他们是专家还是工程师的人，三三两两地不知道是不是在讨论工作，我就觉得这一切怎么跟拍戏似的，真好玩。然后 HR 把我丢给了一个外国人，我看别人都在忙，只有他跟我说话，也不知道他是干嘛的，我想应该是个打工的小弟吧，我是来面试日语翻译的，面试我的应该是日本老板吧，所以就更确定了这个人是个小弟。他让我坐过来，看我很热的样子(能不热么，里面那么暖和的空调，比我的宿舍暖多了)问我要不要脱大衣，我赶紧说"It's OK. It's OK"，我觉得那时候这应该是我为数不多的直接跟外国人的交流吧，英语说得跟 shit 一样。他说让我自我介绍，我晕，咋说，"My name is ××，I'm from ×× university"然后一脸茫然的看着他，"What do you want to know?"汗死。那个人愣了下，然后笑着说，比如你的 major 什么的，还好还好，这个词我还能听懂。我就说我是学旅游管理的。他看看我的简历(我的简历是日语的)，我说了句，"Oh, It is Japanese"，昏。他好像夸了一句我还能写日语简历，汗。他拿了个像日历一样的东西(后来我知道那是倒班表，化工厂是要 24 小时上班的，所以要倒班)，跟我说"你是朋友让你来的吗?"我"啊"了一下，他又重复了一遍"朋友"，我一下笑了，说："你会说中文?"他也一下被我逗乐了，哈哈大笑起来，然后跟我说起了中文，说实话我觉得他的中文不比我 shit 一样的英文好到哪里去，所以我还得给他纠正，他还一本正经地跟我学，搞笑，谁面试谁啊？我跟他就说了几句英语，他还夸我 excellent，看来外国人真是善于夸人啊，搞得我都飘起来了。然后他说这个工作是要 shift 的，问我能行吗？我说，可以的，我朋友跟我说了。当然我们都是用我的极烂的英语和他的不怎么高明的中文在交流。然后他叽里咕噜说了一堆英语，我没听懂，就看见他站起来，走到电话跟前去，一边还跟我巴拉巴拉。我不确定他是不是在跟我说要我把椅子拉到他跟前去，所以为了防止我听错出丑，我问了句："Where is the toilet?"他很 nice 地带我到了厕所，然后我看见自己的脸红得嘞……！

从厕所回来，看见他已经把椅子拉过去了，我就放心了，至少不会出丑了。他招了下手让我坐在他旁边的座位上，然后他拨了个号码，跟对方说了几句话，然后示意我对方是个日本人，我明白了，这回是要测我日语了。对方问了我几个简单的问题，然后就说要问我一些词汇，貌似都是化学词汇。日本外来语都是英语之类的，发音比较相似，那个可爱的外国人都听懂了，还在纸上写下来化学分子式，可怜我 N 年前的化学知识啊。虽然这个可爱的外国人很想帮我的样子，可是我看着那些不认识的化学分子式，只能在电话里说，这些词我不会说。心想，完了完了，没戏了。在我都卷好简历准备等他跟日本人再寒暄几句就开路走人的时候，这个可爱的老外转过脑袋跟我说："Congratulation! You got a job!"我瞪大眼睛迷茫地说，"那个日本人还没有看我的简历呢。"结果人家来了句"It's not important!"再次无语。呵呵，有时候就是这么好玩，后来我见到了给我面试的日本人，他开玩笑似地跟我说："我都跟那个老外说你不行了，不能要你，怎么还是在工厂见到你了呀?"搞得我好汗颜啊！

第二天我才知道这家化工厂叫 BASF(巴斯夫)，还是 500 强。跟我一样做小翻译的都是复旦、同济的高材生。昨天给我面试的"打工的小弟"是工厂的经理，我后来想想这个经理之所以要我，就是因为那天跟我面试时他觉得我蛮好玩的，把他都逗乐了，除此以外还真没想出来干嘛要我，汗。

在 BASF 工作的时候，我在 bbs 上看到了一个日本领事馆招聘实习生的广告，我也传真了一份简历过去，没想到人家还让我去面试了。于是见识了一下传说中跟监狱似的日本领事馆。我进去以后就觉得很压抑，对方连我的祖宗八代都问了，搞得我跟犯罪嫌疑人似的。不过最后也没有要我。

于是我第一次踏入了所谓外企的地方，见到了很多很好玩的人。当然也学到了很多东西，知道了很多化学词汇，还有一些简单的化学流程，也跟

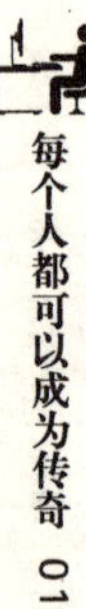

着公司的同事屁颠屁颠地见识了一下新天地、衡山路、茂名路、外滩某某号(心里想着几年前我还为了求得一口饭奔波在这样的地方),还要装模做样地用用刀叉,尽管我到现在还是用不好(最出丑的一次是我切一个大龙虾,手起刀落,随着巨大尖锐的一声“噹”,所有人都惊讶地看着我,还好还好,龙虾还在我的盘子里,盘子也还是一个盘子,于是装作若无其事地继续吃。汗)。当然更重要的是,我开始对我的外语有了信心,开始把英语捡起来,这一点使得我在日本专家回国后,按理说日语翻译的工作该结束之时,老板又把我留了下来继续做英语翻译。我也没想到这一做竟然做了差不多有一年的时间,当然也没有想到这使得我将来能够支付我读研究生时的生活费、学费,包括我给我妹妹的一部分学费、生活费以及去我曾经都不敢踏入的高档商场,比如百盛之类,买买我曾经怎么都买不起的衣服和化妆品,当然这是后话了。

到了研究生成绩该公布的时候(说实话我都没有关注过什么时候出成绩,好像就把这事忘记了一样),还是我下班以后,已经很晚了,我的一个同学说那个成绩好像出来了。我就拜托同学帮我查一下。然后同学打电话过来说,你猜多少分?我说350。因为我给自己设定的就这么多,已经满意了。我同学说,不对。我说高了低了?同学说再猜。我说,360?同学说再猜。我心里开始有点按不住了,我说370?同学说再猜。我心里开始暗喜了,心里有些趟不住了,我说380?我同学说再猜。我觉得都有点窒息的感觉了,390?我同学说了386,我都说不出自己的感觉了,只感觉到我同学似乎比我都开心。那时候寝室里没有电脑,不能上网,我看了下表离9点还有十来分钟,就一个箭步窜到一教顶楼上网的地方进去上了下网,查了成绩,证实了同学的说法,还真有点不敢相信。后来看见政治是70分(自己设的也太准了吧),专业课一门是110多分,一门是125分还是多少,已经忘记了,就记得一个总分了。

知道这个成绩以后,我的第一反应当然还是很开心的,但是开心之后,觉得心里还是很平静的,因为不知道这个成绩究竟是个什么概念。以至于我在BBS上写了《考了386,怎么一点感觉也没有》之后被无数人扔蛋,也被无数后来理解我的人送铠甲和橡皮擦。我总是爱说一些在别人看来尖锐的言辞，这也让我在无数的鸡蛋中心理承受力日渐强大。

等了一段时间，复试的通知来了，那时候天气已经稍微有些热了。复试那天我还去学校的兄弟理发店吹了吹一头乱发（但是还是很乱很蓬，同我现在去的理发店相比，那个兄弟理发店的技艺一定不怎么样，那些理发店都能把我很乱的毛发打理得无比顺畅，虽然是一次性的），穿了一件红色的衬衣（红色喜气。事实证明，那件衣服确实很鲜艳，以至于我后来的导师在见到我后的第一句话就是我知道你是那天穿红色衣服的小姑娘，汗。由此我得到了一个结论，如果想要人家记住你，可以穿鲜艳的衣服），怀里揣着我外婆给我的两个红色护身符（不要说我迷信噢），踏上了去面试的路（还很奢侈地打了个的去）。

去了以后发现进入面试的有 6 个人（一个小姑娘还告诉我，本来是 5 个人，后来名单上加了 1 个人，搞得我们还都紧张了一下，以为这个人是不是有什么背景）。理论上是有排名的，我是考上以后才知道第一名是 390 分，自己是第二名，后面的人因为都没有被录取，所以也就不知道了。总之自己对这些考试信息真的不是很了解，当年考研也是自己一个人，感觉闭门造车似的。这样有一个好处就是一个人活在自己的世界里，不会有杂念。直到我考上以后，同学和老师才知道我考研了，并且考上了。当时还是有些得意的。有句话叫什么来着？大跌眼镜。

复试时先笔试，老师放录音机，里面有 NHK 的新闻（相当于 BBC 之类的），然后做试卷。说实话我是第一次听 NHK，那个语速真叫一个快，搞得我紧张得不行，连蒙带猜做的。然后就是口试。后来录取之后我的导师说，当时他们就定下来以后谁带谁了，男导师带了我，女导师带了一个男生。当时他们讨论的时候，看我不是日语专业的，就考虑这个学生能不能带出来。口语考试的时候我说得还蛮溜（这个还要感谢我平时有一些带日本团、做日本导游以及翻译的经历，锻炼了一下口语），看在我口语不错，虽然是非日语专业的学生，但是日语还比其他一些科班出身的学生高几十分的份上，最后录取了我，其他 4 个人都被淘汰了，想想也蛮可怜的，现实确实是残忍的。

拿到录取通知书的时候还发生了一个小插曲。我在学校门口的传达室拿到了录取通知书，一边看一边往宿舍走。回到宿舍后还想再拿出来看看，结果翻遍了刚才手里拿的一沓乱七八糟的纸，就是没有发现那个小小的牛皮信封。这让我慌了一下，实在想不通通知书跑哪里去了，还好我当机立断，立刻沿着刚才回来的路风驰电掣般地冲回去。冲到一教，那里的一个大教室外面的路上（实在不好意思，我的方向感非常不好，描绘不出来究竟是朝南还是朝北。这一点在我几年前旅行社实习时就得到印证了，我带了无数次去豫园的团，还是会迷路。尤其是第一次，我真是找不着北了。带好团把客人送回宾馆时，客人是一对母女，那个慈祥的妈妈要塞给我小费，我腼腆地要拒绝，结果人家说了句，没事，拿上吧，去买张地图，巨汗）。就在那条路上，我远远地瞄见有个打扫卫生的大叔正在把一堆树叶、垃圾往大桶里倒。霎那间我有一种预感，于是在众目睽睽之下，一边朝垃圾狂奔，一边以一种噪音的分贝大喊“等一下”，大叔被我吓坏了，停下了手中的工作，我在一堆垃圾中乱刨一番。事实再次证明我是对的，因为在一堆垃圾中我翻出了我的研究生录取通知书。大叔看着我拿着那个封皮已经有点脏的信，再次惊讶地睁大了眼睛。周围是一些看着我莫名其妙的眼睛。

时间转眼就进入2005年的秋天，我毕业了，同时又升学了。大四最后一学期，战果还是蛮辉煌的，考上了研究生，考过了英语六级和日语口译。我带着一些期盼和自信，脚步轻盈地迈入了新的学校。

读研的时候感觉时间更是如飞梭一样不等人啊，转眼间也毕业了。读研期间课不多，所以也有些时间做兼职，主要是口译、日语老师、翻译。读研之后我就不再问家里人要钱了，自己 support 自己，有能力再补贴家用。想想家人确实不容易，供我读书读了这么久，心想着这次就快点毕业吧，找个好工作赶紧赚钱。虽然我导师还是力推我去日本读博，也有日本的学校希望我去，但是人家都说读研的女生是李莫愁，怕自己再读个博士就成灭绝师太了，所以这个暂时不做考虑吧。

我们研究生是两年半的学制，也就是说只有5个学期。上了两个学期后，基本上很多课都上完了。到研二时课就很少了，所以大家都开始动脑筋要做些事情赚赚钱，也赚赚经验。我在 BASF 一直待到 2005 年 12 月，上了将近一年倒班制的班，最大的发现就是自己老了，跟年轻的时候不能比了，熬一个夜感觉能老十岁似的，而且在这以前我从来不知道痘痘为何物，现在也知道了，太可怕了！之后他们又打电话来希望我还能继续做倒班翻译，虽然报酬是可观的，但我还是坚决地拒绝了。

研二开始，我也在网上投投简历。说实话，那时候不知道自己究竟能做什么，全职的工作又做不了，只能做些兼职的。也没看见什么好工作，投来投去就是些临时的翻译。2006 年暑假的时候，我在网上瞎逛时看见某知名报社要招一个日语翻译采访日本前首相的消息，乍一看我哪敢投，这个估计还是蛮有难度的吧。在我妹妹的怂恿下（我这人就是好胜心很强啊，耐不住人家怂恿），我跟这家报社联系了，最后竟然还成了！七弄八弄最后还是采访到了这个首相先生，之后我也把这个经历写在了简历上，估计还是个蛮闪光的点吧。去一家日企面试时，那个日本人以一种羡慕的口气问我，“你还见过日本的首相啊，我都没有见到呢，那个首相什么样的啊？”呵呵，我也小小得意一下。

之后还做了一些学校教日语三级、二级的兼职，上海一些名气比较大的培训机构我基本上也都逛了一圈了。不过暑假的时候还真没找到什么好工作，大热天我还是到处跑一些中介、学校之类的去面试。我只能说上海怎么就这么热呢？

黎明前的黑暗：我的研究生毕业失败求职经历

2006 年 9 月的某一个周五，我继续百无聊赖地在网上搜寻工作，然后看见一则广告：某知名公司要招日文实习生。当时也没仔细看，还以为是什么骗子公司就随便投投了。周一的早上，当我还在睡梦中甜蜜时，宿舍电话响了（那时我都关机睡觉，估计人家打过手机发现没开）。我极不耐烦地去接电话，电话里传来一个好听的女生声音，先报了下找谁，说了下自己是什么公司（我就听到一个什么“博”字，还以为是什么会展公司），然后那个女生就开始说日文了，巴拉巴拉讲了一大堆，还好我这个人属于反应比较快的，一边大脑还处在迷糊状态，一边就开始条件反射似地巴拉巴拉了。后来我知道人家也电面了别的 candidate，貌似我的口语算好的，所以下午就接到了让我去见 HR 的电话。我狂汗，对这种手到擒来的机会我表示深深的怀疑，于是又跑到 BBS 上发了个帖子——《有人知道毕博管理咨询么》，然后被无数人鄙视，我汗死。

之后就是去了那里，但是被安排到张江的 GDC 工作，就这样一边觉得略有不满一边还是做了 1 年左右的实习生，不得不感叹，时间怎么就过得这么快，快到我不得不开始正式找寻工作了。

这期间也有一些别的公司让我去做 intern，还去 GE 面试了一下，当时我就拒了，因为差不多也是翻译的工作。我就真的很不爽，为什么没有翻译以外的工作找我呢？难道我就只能做翻译吗？那时候真的很迷茫，不知道自己将来可以做什么，但是有一点是明确的，就是我不想，真的不想做只做翻译。

期间还有一些猎头给我推荐工作。我也不知道这些猎头是怎么找到我的，大概是我在网上注册了，然后他们搜出来的吧。最好的一个公司是推荐我去了电装——一个日企的 500 强，他们要找一个英语、日语好的，做跟知识产权有关的工作，我觉得还蛮感兴趣的。一面倒是很顺利，二面的时候遇见一个 tough 的日本人（貌似如果我进了这家公司，他就是我的头了），面了大概有两个多钟头（那天我状态非常不好，刚去外地做完一个 3 天的翻译，累死），一会儿英语一会儿日语的。他问我写的毕业论文题目是什么，我说是《中日中小企业发展比较》，他说日本中小企业数量庞大，但是最近在下滑，你知道吗？我嘴硬，说虽然数量在下滑，可是还是很庞大啊。汗。

后来说了一大堆，虽然这个人很 tough，但是不得不说我觉得这个日本人还是很聪明的，而且属于英语说得好的日本人，一般这样的日本人都是在国外待过，思想比较 open-minded 的。后来他们扔给我一份英文的知识产权合同，说看 15 分钟然后他们提问。四个面试官出去了，15 分钟过得很快，快得我的脑袋一片空白，根本不知道这个该死的那么厚的合同在讲什么。问题：第几款到第几款为什么是 necessary 的？这都什么问题啊，没必要的话干嘛写在合同上啊。最后也不知道自己怎么蒙混过去的。还有个问题：为什么有了争议要采取仲裁而不上法庭？我就用自己仅有的一些可怜的法律知识说了一堆，结果人家来了句“因为合同上这么写的”。我再狂晕！啰嗦了一大堆之后，他说：“最后一个问题，你觉得一个公司要发展，最重要的是什么？”（我后来想，怎么关键时刻就没有想起黎叔在《天下无贼》里说的那句话呢？“21 世纪什么最重要？——人才！”）我想了半天说“A good team”，结果人家来了句“人才”！我无语。心想敢情《天下无贼》还挺红火，这个日本人都记住了，黎叔果然经典！虽然这个日本人气势上咄咄逼人，但是我并不怕他。我就是这种人，越挫越勇，但是人家最后也没有欣赏我。猎头跟我说推荐过去的人里只有我进入复试了，人家对我期望还蛮高的，实在对不住那个猎头了，没让他赚上一笔，这年头卖人也不好卖啊！

之后一些大大小小的面试我就不啰嗦了，私营、民营、外企，大公司、小公司、不大不小的公司、皮包公司，我觉得什么样的公司自己差不多都兜遍了，成了传说中的“面霸”，再成“拒无霸”，有我想去但是人家不要我的，有要我的但我不想去的。晕，这话怎么像绕口令。

找来找去跳不出一个圈，就是很多工作都跟翻译多多少少有些关系，这让我很不爽。有些工作虽然是描绘了几年之后的宏伟蓝图，但前提是得做两年翻译，所以还是算了。还有一些工作是因为工资太低了，我实在没法接受。

当时我还在 BBS 上发了个帖子，说自己的期望薪水是××K，一个可爱的 mm 开玩笑说，姐姐你第二天好起来喝蛋花汤了，于是叫我蛋花汤 mm。果然这个帖子不知道是哪里错了，大概错在别人觉得我是个眼高手低的人，区区一个学生口气还不小，还想要××K 的工作。不过我现在也坚持自己这样的想法，并且幸运的是我找到了好几份能提供我这个薪水的工作，最后选择了自己最想做的。很多时候我会有些固执的坚持，考研如此，找工作也如此。这响应了我在应届生论坛上（http://bbs.yingjiesheng.com）的一句话：便宜没好货。相信你自己，没什么不可能！

如果说我在大四的时候在 BASF 做翻译，我没有什么经验，也许就是运气，也许就是我坚持了做这个累的可以的工作，一个月我也能赚可观的薪水。所以，我真的觉得，没有什么不可能。很多我原来想都没有想过的事情，都发生了。我没有想过我能考上专升本，结果我考上了；我也没有想过我能考上研究生，结果我又考上了；我没有想过，曾经英语那么差的我也考过了六级，就凭这些证书，我还为波士顿咨询公司的投资顾问做过现场的英日翻译，终于几个小时也赚到了几年前我曾经羡慕的一个 MBA 浪费点口水给人家讲讲课就可以拿到数十来个指头的薪水；我也没有想过，有一天用我的日语可以去给别人做同声传译，可以采访日本前首相，还可以站在讲台上教别人日语二级。没有想过的事情太多太多了，我说这些不是在炫耀自己，我相信每个人都是会发光的金子，只是，你发现你的闪光点了吗？

还是继续说我辛酸的找工作历程。比起考研，找工作绝对要艰辛得多得多(排除有关系的不知道找工作辛酸的 case)。

虽然前面经历了一些乱七八糟的找工作过程，但是因为毕竟离毕业还早，所以心里还不怎么着急。毕博实习之后，中智的猎头推荐我去了松下集团的一个子公司。非常之远，职位就是事务性的那种翻译。我去面试的时候人家就说大概留不住我这样的，说实话那么远，我还真是不太想去，也就没当回事。回来之后人家就给我打电话让我第二天去上班。我昏，我没同意，说让我考虑一下。考虑之后，我还是去了，当时还没有毕业，算实习，实习工资按天算，税后也是比较可观的。HR 部长拿人家签好的协议给我看时，虽然他遮住了工资部分，但是我还是不小心看见了，说实话，我的实习工资确实比这个岗位的本科同学税后工资高很多。HR 部长还许诺我，以后毕业后的税后年薪基本上也是符合我的期望的。

很多时候，一个小小的契机就将改变你的人生轨迹。这句话我深信不疑，因为已经在我身上发生过很多次了。

某天，辅导员发来了 KPMG(毕马威)的宣讲会通知，那年 KPMG 的宣讲会做得很正式，还要在网上预约参加，我也就随便约了下。因为宣讲会的时间是上班时间，还在复旦，当时我就在心里挣扎，那么远，要不要去，而且又是做财务、审计的，自己都不懂(那时候对四大没有认知，也不知道他们招人是不限专业招的)，心想跑那么远，还要向公司请假，很麻烦的。但是不得不说 KPMG 是很人性化的，还发消息提醒我宣讲会的事情，这样一来，我就想，虽然工作定得差不多了，但是去看看也好。于是还是请了假去参加了宣讲会。

这是我第一次参加传说中的宣讲会。KPMG 非常会煽动人，在复旦的皇冠假日酒店做宣讲时，还发了饼干、冰激凌、水给学生，预约去的人还要报名字，找到名字了再把姓名贴在你的衣服上，然后进去听。会场上一遍又一遍地放 KPMG 的歌，那真是气势辉煌啊，搞得我又一次刘姥姥进大观园了，都不敢东张西望，两眼直直地走进会场，怯怯地瞄瞄那些在我们还穿着 T 恤、裙子时，人家就穿着套装、打领带的笔挺挺的 KP 人。

听完了宣讲会又跟 KP 人近距离地接触了下，问了很多问题，对四大总算有点了解。心潮澎湃地回来以后，开始做他们的网申。可以说 KP 的网申是我做得最烦的一个了，连高中成绩都要写上去，我昏。不过事实证明，越是繁琐的网申只要我仔细做了，通过率都比较高；越是一些简单的，例如只要你发个简历过去的，很多就没有回音了。还有一些比较烦的就是答也答不完的 open question，据我不完全统计，我回答的所有网申题目（为了防止在线答题时网速的快慢会影响保存，把写好的问题毁于一旦，因为我是有这个惨痛教训的，所以我后来都写在 word 里，然后粘贴）有将近 20 页。可以说，在找工作方面，我比很多人都找得辛苦。

当时很多公司的校园网申都开始了，而且有很多宣讲会。因为一个 KP 搞得我热血澎湃，觉得自己这么优秀（不好意思，自恋一下），肯定就是 KP 的人了，所以很多宣讲会我都还蛮想去听听的。但是因为公司非常远（我每天要 6 点起床，赖床的话最多只能赖 3 分钟，要不铁定迟到。想想我如此爱睡懒觉的人，这对我来说是多么痛苦！下班以后，我有时还在外面上课（别人给我上），上完了再回学校，很多时候 10 点多才能吃到晚饭），又不能上网，再回来做网申的话，时间几乎就不够，而我又不能一直请假，所以每天就只能睡 5、6 个小时，我不是铁人，那时候都胜似铁人了。当年有个铁人王进喜，今朝有个铁人 L 某某，呵呵。可惜这样的铁人也实在熬不住了，最后因为种种原因我还是暂时告别了这家公司。当时心里那个又闷又热血澎湃啊，心想 KP，我都做这么大牺牲了你可得要我啊，还在心里把面试时候 Why KPMG 这个问题都模拟了好多遍，悲壮得都不行了。

那个时候已经 10 月份了，自己再次置之死地，能不能后生那时候还真不知道。当时的生活就是奔波于一场接一场的宣讲会之间，中午奔到松江去，晚上就赶到复旦。那种奔波的生活就让我觉得自己一个人孤独地跑在人生的路上。天气一点点变凉，一个人奔波在夕阳之下时，看着飘零而下的落叶，不得不心里感叹，落叶尚知归根，那我呢？我又归根于何处呢？

室友说，她真不明白宣讲会究竟有什么好听的。我也不知道如何解释，就这样执著地奔波，一个接一个地做网申，虽然我知道很多公司只要一些固定学校的学生，但是我不气馁。试了不一定有机会，但不试就一定没有机会，我知道这一点。

当时浏览的最多的就是应届生求职网（http://www.yingjiesheng.com），这里面比较完整地列了很多公司的网申地址。也建议要找工作的学生去这个网站，上面有很多信息。我几乎把里面所有的只要不限专业的网申都做了，还把别的一些比如中华英才网、前程无忧等网站上的校园招聘的网申也做了，还有些公司没有更多详细信息的，我就自己搜网址、地址，邮寄我的简历，还有就是在宣讲会现场投递简历。除了招聘会我不去之外（深深厌恶，并且觉得没有什么机会），我几乎穷尽所有力气。因为我没有退路，我孤身一人在这个称呼我是外地人的城市坚强地奋斗，艰难地前行。然后就是一边等待，一边投简历，一边再等待。

最早等到电话的是PWC（普华永道）的，那时是10月份，具体几号我不太记得了。电话来的时候我又在睡觉，貌似很多电话我都是在睡觉中接到的。不过这个是午觉，汗，我都睡到了6、7点。电话那边告诉我通过了网申，可以参加笔试（心中一度狂喜）。于是我按时去松江参加了笔试，其实就是英语测试，当时自己发挥得不好，以为没戏了，但是又在一周以后的一个晚上，大概8点多，接到了一面电话（还得感谢BASF的经历，否则自己不会再好好学习英语的）。当时就想四大果然名不虚传，都8点多了还在工作，心里也寒了一下。

一面的时间是在10月的一个周日，之前也接到了KPMG的笔试通知，是在PWC的一面之前，即周六。当时我在心里就说：KP，我来啦。结果，事实是我兴冲冲、激情地冲KP跑过去，但是KP冷冰冰地“咣当”一声关上了厚重的华丽的大门，让我惨痛地一头撞在了门上，连门把手都没摸着。

之前当然看了很多关于四大的面经，看得自己毛骨悚然，觉得怎么那么多牛人啊，把自己吓得半死。虽然已经身经百战了，可还是觉得很恐怖，从来没这么群殴过啊。

当时看了那么多面经，大概总结出一条：四大不喜欢太 aggressive 的人。对于这一条，我在那天没有好好运用。

面试那天，我穿着自己的米色套装，大概 7 厘米高的高跟鞋（我实在是个臭美的人），好不容易走到那个 × × 大厦，一进去，气势恢宏，大家都穿得无比正式，人模狗样的，清一色黑色西装，就我与众不同。当时就觉得自己那个惭愧啊，真想找个地洞钻进去。感觉现场都可以拍一部《无间道三》了，后来我们组的一个复旦的弟弟说，就那天我一个穿淡色的，一眼就看见我了。昏，实在是因为我穿上黑色套装就整个一欧巴桑，哪里还敢出门啊。

HR 把面试流程又讲了一遍，其实网上基本都有。当时在一些优秀的外语人才面前，我觉得自己的英语讲得很 shit，其实现在我对自己的英语已经很有信心了，连做现场英日翻译都不怕，所以现在想起来也不知道自己那天为什么自卑。心想不能做个 aggressive 的人，最后的结果就是我把自己弄得很做作，弄得都不像自己了。面试结束的时候，面试官会送给每个人一本 PWC 的笔记本，然后握个手。当时我就有预感，这是最后一次握手，这本笔记本就是一份诀别礼物。呵呵，虽然结果比较惨，但是我的预感是正确的。

后来我才真正总结出：Just be yourself。这句话很好说，但其实不好做，尤其是在你比较在意一份工作的时候，你一定会紧张。紧张不是因为害怕，而是因为太在乎。我想这句话也适合用在感情方面。这就是为什么很多人会说，为什么我不 care 的工作要我了，反而 care 的就不要我了呢？想想应该有这个原因吧。

总之 PWC 给了我一次练兵的机会，也让我好好看清楚了自己究竟想要什么，究竟想做什么。那时候什么都不管，好像只要有一个好公司要我就行了，也不管是什么工作，只要不是翻译就行了。现在想想，这是万万要不得的，连自己都不清楚自己的定位，别人能知道你要干嘛吗？除非是一些运气特别好的人。

总之过了很久之后，我收到了PWC的拒信，虽然一开始很难过，可是也接受了这个事实。后来想，虽然这次失败了，但是要好好总结经验，下一次一定能胜出。

再说回KPMG的笔试。我是在接触了四大之后才知道SHL试题的，本身数学就不好，再加上很久没有做过数学题，而且时间还那么紧张，所以我做得一塌糊涂。最后结果就是，我连KPMG的门把手都没摸着，就尸陈四野了。虽然当初心潮澎湃、意气风发、慷慨激昂，但是残忍的事实让我死得无比难看，无比讽刺。

10月份的收获就是去陆家嘴PWC的一个培训中心写字楼晃了一圈，然后……四大皆空！另外两家连笔试机会都没有给我，我想原因就是我投得太快，部门没有选好，如果选审计可能会好点。不过事已如此，别无他法。

11月份的收获就是参加了伟大的摩根斯坦利的笔试。我在10月份的时候去听了他们的宣讲会，之前我对这个公司全然不知，之后在网上看见有人说，摩根对他的距离就像天堂的距离，我也想升下天，感觉下天堂究竟是什么样，于是网申了一下，没想到还拿到了笔试的机会。同理，也是SHL试题，而且连数学题都是英文的。写到这里，我想客观地说下，按照我的智商，从理论上说这些题目应该是可以做出来的，但是那个时候时间紧迫，而且我已经给自己灌输了做这个题目不行，在这个公司就等于天堂的概念，所以我真的没办法做好。于是事实也很无情，我被鄙视了。但是能参加伟大的摩根的笔试，我还是觉得自己挺牛的，再次自恋一下。

那时的我已经很焦急了，投了很多简历都没回音，心里翘首盼望的日资银行——三菱东京日联银行连笔试机会都没给我。没给我就算了，我从学妹那里听说她们班的学生投了简历的都有收到笔试通知的，我想自己再怎么差也不至于连一次笔试机会都不给吧。再加上那时候身边有些同学已经开始陆续签Offer了，我又是个急性子，能不急吗？

松下、索尼等日资公司投的简历也石沉大海，被日资银行鄙视的那天，我觉得自己真是没什么好公司要的感觉，难道自己艰苦奋斗了这么久就这样一个结果吗？我大哭了一场，真是哭得声嘶力竭，觉得心里那么多苦，那么多压抑都在那个时候发挥得淋漓尽致了。哭完了，第二天还是要擦干眼泪，继续寻找。补一句，那时候还在顺便准备国家公务员的考试。没办法，只要有一点机会我都会争取。

浴火凤凰：我的毕博管理咨询面试经历

11 月底 12 月初的时候开始有了转机，先是毕博管理咨询的网申有了回音(我实习的是毕博研发，这个是咨询，两家公司是独立招聘的)，让我去笔试。然后瑞穗银行让我去笔试、面试。而且两家的时间也是一个周六、一个周日，没有冲突。

说实话，笔试被鄙视了好几次之后我都有点怕了，怕自己笔试都过不了，更别提面试的机会了。瑞穗是周六去的，先笔试。这次我吸取了摩根的教训，拼命快速地做，虽然也有数学题、数字题，但还是有很多题目是我能做的。

做完后，我惴惴不安，他们是当场公布进入下一轮面试的名单。等了大概 20 分钟，有人进来叫名字，通过的就跟他们走，去面试。叫了好几组都没有我的名字，心里还是有一点点担心。爱因斯坦的相对论真是很有解释力，听审判的时候，我觉得一分一秒都是那么难熬。终于听到了自己的名字。

后面的面试无需废话，跟聊天似的，HR 一直比较酷的感觉，没有笑容，问了我一个问题：如果领导让你做跟公司规定不符的事，你怎么办？我的回答跟《中华人民共和国公务员法》如出一辙，参见《中华人民共和国公务员法》第五十四条"公务员执行公务时，认为上级的决定或者命令有错误的，可以向上级提出改正或者撤销该决定或者命令的意见；上级不改变该决定或者命令，或者要求立即执行的，公务员应当执行该决定或者命令，执行的后果由上级负责，公务员不承担责任；但是，公务员执行明显违法的决定或者命令的，应当依法承担相应的责任。"但是结果是，人家明显不屑于我的如此符合法律的回答，这么一次面试后就再无音讯。

第二天参加毕博的笔试，时间是45分钟，我拿到题目以后心里蛮紧张的，紧张不是因为怕，是因为care。拿到题目时我看了看，跟公务员的题目很像，逻辑理解、数量关系推理之类的，虽然我在复习公务员考试时也做了不少题目，可是因为太care，还是把我紧张得看前面的逻辑理解题时怎么都看不懂，手都直抖。做过公务员逻辑理解题的同学一定知道，这种题目就是，"以下哪项如果为真，最能削弱/加强题干的论证"之类很搞的题目。我一看，这样下去肯定要搞砸，就深吸一口气，稍微静下心来，前面的题目实在很搞，我就先乱选，后面做下去感觉还可以。然后是数量关系题，说实话，复习公务员考试真的对我做这个题目帮助很大，如果我没有复习这种题目，估计我在那么短的时间里做不出这么多数字推理。后面还有图形推理题，跟公务员的略有不同，但是根本上还是有类似的，所以我也是尽量能做就做了。冷静下来之后做题速度还是比较快的，后来差不多都做了之后又检查一遍，然后在收卷前一两分钟（我想老天大概看我太辛苦了，也赏了我一点灵光），我又做出了几道题目，心里还有点小小得意。

12月份我收到了很多的拒信，一沓又一沓，不过我被打击惯了，不得不接受。当时也有一些公司给我发短信或者打电话邀我面试。某天，我还在睡梦中（汗），东京三菱日联银行深圳分行的人给我打电话，想让我去面试。我当时心里想，哼，上海不是不要我么，连笔试机会都不给我，有什么了不起啊，现在我也嚣张一下。我当时就拒绝了，说："哦，这样啊，谢谢哦，不过我不方便过去"。也爽一下，哼。

另外，还收到了嘉士伯啤酒管理培训生的笔试通知，地址：成都！我于是发了封信问有没有在上海的笔试地点，结果人家回信说，OK，We can offer you interview directly。汗，看来这个也是有好处的。但是面试还是在成都，我问，"可以解决点交通费不？"人家礼貌地说，"不好意思，这个不在我们的预算内。"于是作罢。

大概在周二还是什么时候收到了毕博一面的短信，在网上查了查也没查出个所以然来，关于毕博的面经实在不像四大那么多，但毕竟是咨询公司嘛，我就看了看市场营销的东西还准备了案例之类，看得云里雾里的就去面试了。面试前我去理发店找了我的御用理发师帮我理理头发，没想到可爱的理发师还给我弄了个发型，盘了个端庄的小髻。在去参加我比较重视的面试前，就会去把一头乱发理理顺（不过这样的机会也不多，我就去 PWC 和毕博的时候弄了下头发，别的就随便弄弄吧），而且一直认准了学校边上一家理发店的理发师。可惜我发现我认准的理发师都做不长，没过一段时间我再去时就找不到人了，不知是跳槽了还是别的什么原因。那天理发师还特别好，帮我又化了个淡妆，漂漂亮亮地去面试了。

吸取了上次 PWC 的面试经验，这次一定要表现出真实的自我。面试是一点半开始的，来了 9 个人，一个是有一年工作经验的，一个是从安徽赶来的博士，一个是华师大心理系的，还有上外的，同济的，外贸的加上我一共有 3 个，所以觉得外贸的队伍还是比较强大的。

先用英语自我介绍，面试官要求我们每个人在介绍之后说一句类似于"I'm the best"这类的话。说三遍，大声说，于是每个人照办，喊三句口号，中英文不限。我觉得自我介绍还是很有学问的，要在短短的时间里概括出你的闪光点，让人家看见。学校好的说学习，实践经历多的谈谈经历。二者都有的就都说，都没有的就说自己性格中与众不同的地方。自我介绍还是有技巧的，切忌过长。

然后给我们每个人发了张小纸条，上面有不同的问题，还都是些蛮 tough 的小题目，让我们在 30 秒时间内说服面试官。不知道是不是咨询行业的特点，时间卡得特别准。我的问题是：因为房子的事情我跟未婚夫大吵了一架，现在要说服未婚夫在房产证上只写我的名字。汗。从本性上来说，我是个独立的人。第一，我不会只嫁房子。房子在上海是个永恒的话题，房子恒久远，一幢永流传，都赶得上钻石了，呵呵。如果将来必须要考虑房子的话，我会跟老公一起供房。第二，房产证上应该是写两个人的名字吧，我不会这么作的，呵呵。虽然这个问题违反了我的本性，要把我塑造成一个作女，但是没办法啊，只好作下去。这一环节搞得像小品似的，大家笑得前仰后合，因为问题都蛮有劲的。至于怎么在 30 秒内说服面试官，大家自己想吧，呵呵，答案一定有很多。当然也有因为时间太短，来不及说完的情况。我想这个考的就是你的思维能力和逻辑能力，不在乎最终是否能说服面试官，但是应该有一个清晰的说话思路，而不能颠三倒四。

之后就是 case 环节了，这个是大头，面试官也说了，最终成绩主要是看案例部分。案例是英语的，讨论可以用中文，最后发言用英语，每个人都要说，这个是规定。本来有半小时可以用来讨论的，但是因为时间紧迫，最后面试官把讨论压缩到了 15 分钟。

我们这组一共 5 个人，吸取了上次 PWC 面试的经验，我跟大家说我来看时间吧，先用 2～3 分钟时间看案例，然后讨论，最后 1～2 分钟总结。大家都还比较合作，于是同意了。分析案例时，团队合作是很重要的，吵吵闹闹只想表现自己的肯定不行。说实话看了半天案例没看懂细节，大意就是作为毕博的顾问，分析一个国内银行的 risk，他们有 3 个步骤，包括在哪年完成巴塞尔协议二，哪年达到什么目标。题目写得很长，所以一开始大家讨论来讨论去不知道在说些什么，我估计没看懂题目的小朋友也是有的，于是我说我们先统一下要讨论什么好吗？然后统一了一下，是讨论 risk，因为 5 个人每人都要说，所以都要分配下，免得没话说。时间过得很快，后来面试官说再给我们一点时间，心里还觉得，不错不错，还给我们时间，结果这个时间是 30 秒，昏过去。最后我们分析出来 risk 主要来自四方面，一是银行本身，所以要整合自身，看是不是符合巴塞尔协议二，不符合的话要怎么做；二是国内其他本地银行，具体操作，×××；三是国内的外资银行，原因、对策，×××；四是整个大环境，包括法律、政策、方针等，×××。具体的我都不太记得了，总之 5 个人每人都说了一些，1 个人大概 1 分钟左右。我最后一个说，我说风险还来自国内的外资银行，还有大环境也要考虑。每个人可能会说重复，但是侧重点有所不同。最后我做了个总结，把前面大家说的内容在题板上画了个简单示意图，然后说了欢迎大家一起讨论。这回也是吸取了上次的教训，虽然也有点小紧张，但是英语说得溜多了。有时候我觉得自己说外语是看状态的，状态好的时候，大脑都不用怎么思考就巴拉巴拉说得狂溜，状态不好的时候立刻失语。

我们组是后说的，所以我说完之后双方陈述部分就结束了。然后面试官说，“请问你们能总结下对方刚才说了什么吗？”对方小组一个人说了，然后是我们小组说。说实话，因为我们小组是后发言的，所以刚才在别人发言的时候我们还在说话，很不安静，以至于HR提醒了我们一下。这个我在PWC时也有经验，知道这样不好，起码要好好听人家说话表示尊敬。我还跟我们组员示意不要说话。这样的结果就是，在面试官问这个问题的时候其他几个人都面面相觑，我之前大概听了一下，就示意是否可以让我说，他们也同意了。因为对方说我们小组考虑问题没有他们深入，我就反驳说，作为一个顾问，应该考虑潜在的risk才能做出全面的分析。

当然了，其实案例分析没有对与错之分，最主要的就是看你的分析能力、逻辑能力、思维能力、表达能力，只要能自圆其说，都是可以的。还有一点比较重要，就是要团队合作，否则一个案例分析也不会做得很好，很顺利。优秀的人很多，但是既优秀又是个好的合作者的人也许不多，因为这年头有个性的人蛮多的。公司要招人，即使看中了你的潜质，能招个处处表达自己个性不服从管理的人吗？一场面试的时间也许不长——一两个小时，但是我想考察一个人还是足够了。就像我第一次群殴时，表现得那么做作，自己后来想想都觉得别扭，别人肯定不会舒服的。

面试大概进行了一个半小时，对这场面试我还是比较满意的，事实也是我收到了终面的通知。呵呵，再自恋下。记得PWC面试结束时，我对自己到处挑剔，但这次结束后，我对自己的评语是:没道理拒我呀。

大概几天后，我在从医院回来的路上(这个月跑了很多次医院，铁人一样的我也开始奔波于医院之间了，所以大家一定要好好爱护自己的身体，不过从本质上来说我还是一个很强壮的人，瘦但不弱)接到了毕博打来的电话，告知我终面的时间。那天下着雨，但是心情是晴的，所以觉得有时候原来雨天也这么可爱。

没过一会儿，又接到了三菱商事的面试通知，之前还收到过德硕的面试电话，我同学说好运要来时一起都来了。还好这几家都没有冲突，先德硕再毕博再三菱，这里面最care的当然是毕博了。相对于日企，我更倾向于欧美企业，更符合自己的性格。虽然我学了日语，但是我觉得自己的性格还是不太符合日本公司的文化，在那里我想自己要被压抑死。

去德硕面试的时候又接到一家咨询公司的面试电话，这样一来就搞得我这周几乎每天都要去跑一个面试。虽然有最 care 的公司，但是别的机会也不能放弃啊，我 care 人家也要人家中意我才行，是这么个理不？

之后的面试就一笔带过了，有做题目再聊天的，面了这么多也就不说了。

12 月 17 号我去参加终面，之前还怕会做案例分析，又临时抱佛脚看了看一些案例分析的东西，第二天起个大早再去理发店理理我的一头乱发，然后跑去面试。11 点面试，结果我大概 10 点多一点就到了，汗。

轮到我面试时，面试官就问了些常规问题，包括自我介绍，谈谈优缺点、学习成绩、对加班和出差的看法，以及还有什么问题想问他之类的。这些大家去面试前都准备下就好了。我也准备了一下，但是一到面试的时候就开始胡言乱语了，呵呵，这点不太好。不过话说回来，不能背书么，对吧，那样反而不自然。面试大概十来分钟就搞定了。

忐忑不安地回来了，等吧，还能怎么样啊。毕博说会在 12 月底前发 offer，这段时间必然是让人等得度日如年。在我等待的期间，还有一个猎头推荐我去一家中日合资的咨询公司，本着为本人负责的态度，几经周折后我还是去面试了。当然我之前已经跟猎头说了我在等毕博的 offer。我是个诚实的孩子，诚实没什么不好，面试的时候也一定要诚实。我记得一篇求职的文章中说，面试也是面人品，而这一点不是你一天两天就能学好的，除非你是个表演高手也许能演好，但是更多的还是展现你优秀的一面吧。这个我也是赞成的。

去这家公司面试时是 12 月 28 号。等我的 offer 已经让我等得很着急了，真的怕自己都要等不到了。12 月 28 号是周五，过了这天就是周末然后是元旦，都不知道是不是还有 offer 了。我决定了去完这家公司就回来打电话问毕博究竟要不要我，痛快做个了断也好。

9 点去了猎头推荐的公司面试，公司位置很好，在淮海中路的一个写字楼里。我准时到达，一个中国人和一个日本人面试我，聊得还可以，我略为拘束，可能是因为来到有日企味道的公司，我也有点恢复自己学日语的本性吧。

后来就是这个中国 leader 跟我聊了很多，看得出他们是很喜欢我的，因为我的实习经验、学习背景等还跟他们要找的人蛮符合的。开的薪水也是在我的预期之内，大概比毕博高一点点。这个 leader 跟我说他面试我的感觉跟他 8 年前面试现在他们 team leader 的感觉是一样的，呵呵，真是抬举我啊。总之还是夸了我很多。大概这一面就差不多面到 11 点。

回来的路上我就想，等下给毕博打电话，如果真的被拒了就去这家吧，反正也是咨询公司，将来就是做个顾问之类的，也有比较具体的培训体制，还在我的预期之内吧。回到学校，先去食堂吃饭，吃好了回宿舍，一边跟同学发牢骚说毕博还不给我消息，一边打开邮箱，打算看完邮件就给毕博打电话。

七年感悟：奋斗、努力，从一个高点跳向另一个高点

我想我应该永远记住这历史性的一刻：Fri, 28 Dec 2007 09:48:53。

因为在这一刻我终于等到了！打开邮箱，一封名为“毕博 offer 领取通知”的邮件安安静静地躺在邮箱里，未等打开邮件，我就开始尖叫了！“啊——啊——啊——”一声赛似一声。同学一看我这架势就知道发生什么事了，于是奔来祝贺我。

我觉得现在已经无法用语言来描述那一刻的心情了，因为过去了就是过去了。那一刻，就一个词来形容：扬眉吐气！我苦苦追求了这么久，七年，整整七年，我在上海如此地奋斗、努力，从一个高点跳向另一个高点再跳向更高的点，终于可以堂堂正正地跟家人说，我找到一个好工作啦。人生能有几个七年呢？又能发生多少事，走多少人生路呢？

七年的时间也许很漫长，也许又是弹指之间。在我的笔下，也许只是几个晚上，几篇文字的堆积。写到这里，我想我短短的这个七年可以先暂时收个尾了，后面的结局也很简单，我婉拒了那家中日合资公司的邀请，签了这个心仪的 offer。

以后要真真正正踏入社会了，我想今后的人生不会输于我这个七年。

今后要学的东西太多太多，我不会怕，朋友形容我是个很拼的人，是个拼命三郎。也有人说女孩子何必这么拼呢？但是我有我的态度，我的人生如何取决于自己的努力，我大概不是生来就会享福的人，一点一点努力，享受成功的感觉何尝不好呢？我觉得自己的人生已经比同龄人丰富很多，还有什么样的生命之重是我不能承受的呢？本来以为自己还会慷慨激昂地写个高调的结尾，可是写到这里竟然没有那份心境了。

之所以会下决心写这篇啰嗦的文章，源于BBS上考研板块的一个朋友对我说，再写详细一点吧，鼓励鼓励他们。本来也就是写一点东西，只是没想到，思绪一旦打开，就像止不住的涌泉，停也停不下来。

回忆起往事，历历在目。我清楚地记得2000年9月的一天，我踏上大上海的土地，豆蔻花季在这片陌生的土地幽幽地绽放。2003年那个炎热的夏季，我苦苦地穿梭在一幢幢写字楼、一间间办公室，卑怯地递给人家一份薄薄的简历，殷切地盼望得到一份可以养活自己的微薄工作。2005年金秋，我背上小红书包，快乐地雀跃在那扇灰色的沉重的大门，自豪地跟人家说"我们校园可美啦"！2007年，当寒冬一点点到来时，我还继续奔波在人生的大道上，只为追寻、寻觅。

回忆往事，不想再让泪水滑落脸庞，但是那说不清道不明的眼泪啊，也是在感叹我这奔跑的人生吗？

2007年，我对自己说，本命年完美收场。

2008年，我对自己说，将来还有很多个七年，每个七年都会精彩。

幕，落下，拉开，落下，再拉开。这就是人生，一幕，一幕，落下，拉开。只是，剧中的那个你已日渐长大。

写到这里忽然想起自己喜欢的一首词：少年不识愁滋味，爱上层楼。爱上层楼，为赋新词强说愁。而今识尽愁滋味，欲说还休。欲说还休，却道天凉好个秋！

写这个啰嗦的文字，也许没有什么读者，那么就当是写给自己看吧。将来某天，也许会再来缅怀过往的，年少轻狂的，往事。

记于农历戊子年一月（2008年1月）狐小妖于上海

网友评论

应届生论坛 ID: http://bbs.yingjiesheng.com	评论内容
baikun	让我看到了什么是人生的千锤百炼。我本以为自己已经无所畏惧了，现在才知道我是顽石一块。真是"而今识尽愁滋味，欲说还休。欲说还休，却道天凉好个秋。"没有激昂的尾声证明了楼主的成熟和真诚。
lionking725	虽然文章很长，但我坚持用了两个小时把它看完，超级感动。感谢姐姐，向姐姐致敬。经历过这些，还有什么是生命中不能承受之重呢？阳光总在风雨后，吃得苦中苦方为人上人！我觉得我应向姐姐学习：一步一个脚印，不断奋斗，绝不向生活、命运低头，不断拼搏，实现自己的梦想！
wenqine	看完之后心里真的升起了一份感动，为了你的执著，你所有的辛苦。我觉得我应该以你为榜样，曾经的我跟你一样好强，但现在却渐渐没了那份激情，谢谢你启发了我，重新唤起了我的曾经，我会继续努力。人不能惧怕失败，不能看轻自己，要相信自己是块金子，被无数人鄙视后，总会发出最美丽的光芒。加油！为你为我。
麦调	每个人都有花开的那一天，黄金的七年，你抒写了你的传奇，等到自己的花开。缕缕芬芳，沁人心田。你的经历是很大的一笔财富。我很喜欢你的乐观和百折不挠，顽强而永远奋发，如同阳光般 shining，shining。
benzhuzhuya	断断续续地看完了这部"巨著"，很真实，原滋原味，很感人。人生的最大意义在于奋斗，个人的幸福要靠自己去争取。请记住，没有什么不可能。很感谢楼主，让我在炎炎夏日看到这样一篇美文，顿感凉意习习。再次感谢！"紧张不是因为害怕，是因为太在乎。"说得太对了，不管是生活还是感情都是这样子。

第二楼

从事业单位到银行的真实感悟

——二本院校农村女生两年来的工作经历

作者(应届生论坛http://bbs.yingjiesheng.com ID):fabulous_q

二楼 fabulous_q：广东二本B类院校农村女生——深圳某事业单位出纳——跳槽某国有银行柜员——对私业务柜员——对公业务柜员——公司客户经理助理——初级客户经理

感言：认真做事只能把事情做对，用心做事才能把事情做好。

那一年高考：我选择了学费昂贵的二本学校

我是2009年毕业的，现在在深圳某国有银行当客户经理。有师弟让我写一下自己毕业这两年来的工作经历，回想起2009年毕业时青涩的自己，五味杂陈。写这篇文字，既是跟大家分享，也是为了纪念那段光阴，更是写给未来的自己。

在讲我的找工经历之前，我先介绍一下自己的情况。我是一名女生，出生在农村，父母都是种菜的农民，2009年毕业于广东一所2B类学校。当时高考放榜时知道自己考上这所学校的时候，我一点都开心不起来，因为高昂的学费。在广东二本学校分为两档，一档是二本A类（简称2A），学费跟一本差不多；另一档是二本B类（简称2B），指的是一本或者二本A类的大学所开设的自己学校的分院，这类学校的学费高，和民办的学费差不多甚至更高，主要针对那些想上好学校分数又不够的学生。2B类学校任何一个专业的学费每年都要一万五以上，至少我们学校是这样的。当初以为只是学费上有差异，后来找工作了才知道，差别不只是表面上看到的那么一点，这个到后面再说。当时考上以后我就想我是不是真的要去读，还是去读学费便宜得多的大专？家里人都说读2B类学校好歹也有一个本科学历，读了大专以后就是专科生了，划不来。爸妈都很支持我，虽然四年读下来必然要花光他们的积蓄。于是我来到了广东。

报到的第一天，我就被室友的“装备”给雷到了。寝室的其他三名同学都是由爹妈自己开车送过来的，后来我知道有两个同学自己家里是开工厂的，另外一个同学的老爸老妈都是教授。我们整个班级一共78人，只有七八个同学跟我一样来自普通家庭，其余的不是有钱就是有势。我大二时加入学生会，跟我的部长混熟了以后，他跟我说："你以为每年一万多的学费是谁都付得起的吗？四年至少六万，生活费还有其他杂七杂八的费用大概四万，加起来就是十万了。你读个2A或者一本的学校，四年学费差太多也就是两万。学费高，但教育质量却不成比例。好多老师并不咋地，部分老师还觉得是我们学生素质太差，比不上一本学校，也就消极怠工了。所以来咱们学校读书的大部分家庭条件都相当好，不在乎这个教育的成本，也不在乎是不是真正学到东西，他们只想拿一个文凭，毕业以后家里自然会给安排工作。"

所以在毕业找工作的时候，我周围的同学还是不紧不慢地过着日子，我曾经一度感到很孤独，因为我不知道该和谁分享我的苦与乐，我身边的绝大部分同学都不需要经历我所将要经历的求职过程。但我没有退路，我必须勇敢地走下去，因为我不能对不起父母这四年来对我的投入和付出。

如果你和我的同学一样，拥有良好的家庭背景和社会资源，那么我祝福你，也希望你能善待你的社会资源，好好地利用它，闯出一片天地；如果你和我一样，是在普通家庭长大的，那么恭喜你，你有更多的机会去走出自己的道路。

好了，废话了那么久，转入正题吧。

我的求职及事业单位工作经历

大四开学不久，各个大公司就浩浩荡荡地开始了校园招聘。我们学校因为地理位置比较偏远，学校名气也不大，所以没有多少企业过来开招聘会。我跑到市里听了几场宣讲会，令我感受最深的并不是宣讲会上HR讲得多么唾液横飞，而是会场里黑压压的一片人头，我头一回感受到了压力。我知道在这个大家都疯狂找工作的节骨眼上，一点时间都不能耽误，于是我开始上应届生求职网（http://www.yingjiesheng.com），从修改自己的简历做起。

第一个给我笔试和面试机会的是广东邮政。当时我们班只有不到十个人收到，看到网上说是海笔，不用想我也知道大部分的笔试通知都发给了二本A及以上学校的学生。我在网上找了大量资料，几乎把每个毕业生招聘网上的相关资料都下载下来并打印出来看，我还上了邮政的主页，看了公司介绍、发展历程、经营理念之类的，防止到时候万一考到了有关公司的知识而我却不知道。看完了满满十几二十页的准备资料，我去参加了笔试。笔试之后等了好久，我接到了面试通知。我依然很认真地做了准备，面试的时候HR瞄了一眼我的简历，第一句话说："你这个学校我没听说过耶。"聊了几句之后，HR跟我说："小姑娘，实话跟你说吧，我们一般都是要招2A以上学校的，像你们学校毕业的，我们一般都不太考虑。"我一听心就凉了。后来他又说："我觉得你还挺踏实的，会尽量帮你推荐一下。回去等通知吧。"听到这句话我又觉得有了希望，心里面祈祷他不是看我可怜才说安慰我的话。

第一场面试，我就遭遇了学校这个问题。但我很感谢这个面试官，因为他本来可以跟我说一两句完全正确的废话，比如你很不错，回去等通知之类的。但是他没有敷衍我，他对我说的那几句大实话，是带着善意的，我记得我当时面试完一连跟他说了五六次谢谢，除了感谢他帮忙推荐之外，更是感谢他的真诚。

等了大约一个礼拜，我在应届生论坛(http://bbs.yingjiesheng.com)上看到陆陆续续有人接到通知，我安慰自己，也许你是下一批。后来等了大约两个礼拜，我鼓起勇气打电话过去问，回答是他们很抱歉。我知道这次面试无疾而终了。但我还是很感谢这次面试，因为它让我看清了自己所站的位置。

后来我也网申过很多大公司，但都没有得到笔试和面试的机会。期间还参加过好几场本科生招聘会，但往往是简历一递上去，人家就说不要2B学校毕业的本科生。当时真的有万念俱灰的感觉，自嘲是不是应该去参加大专毕业生专场。现实的铜墙铁壁让我明白，2B学校虽然是本科，但是在用人单位看来并不能算真正意义上的本科，2A以上院校毕业的学生才能真正称得上是"本科生"。之后断断续续也有一些小公司来我们学校招聘，但基本上工资都只有一千三左右，而且还不包食宿。一千三的工资，在广州这样的大城市要怎么生活啊？

在现实面前，刚开始找工作的热情被一盆盆冷水浇得心灰意冷，我真的不知道我的未来和前途到底在哪里。看到身边的同学纷纷参加公务员考试，我也跑去报了名，但千军万马走独木桥般的国考并没有对我格外开恩。考完期末考试后，开始有同学把行李搬离宿舍了，看着他们喜笑颜开的样子，我知道他们家里已经帮忙找好了工作。我妈一直担心我找工作的事情，本来学校的牌子就不响，后来知道我们一个亲戚的小孩找工作也是连连碰壁之后，更加担心我的情况。她看电视也知道金融危机，知道企业裁员。那个亲戚的小孩是在一所一本学校读的书，如果他都找不到好工作，那我就更是岌岌可危了。每次我妈打电话给我的时候，我的话都带有宽慰性质："这几天有公司来学校招聘，我打算明天去投一下简历，妈你放心吧。"每次我妈最后都会说："你一个人在外面不容易，有什么困难和委屈记得打电话跟家里说。"我妈年轻的时候跟着我爸吃过很多苦，不到五十岁牙齿就全掉光了，为了省钱就在家附近一个小诊所做了一副假牙，平时只能吃一些稀饭、豆腐这些不需要怎么用力咀嚼的食物。很多时候我一个人独处时，想起我妈，忍不住眼睛一热，眼泪就掉了下来。我骂我自己，你妈年轻的时候吃了多少苦啊，你现在这些算什么？骂完自己后暗暗下决心，不能因为外界的眼光就消沉下去，你现在活着不只是为了自己，更是为了爱你、关心你的人。

可以说，我妈就是我最大的精神动力。我一直想着要赚很多钱，然后担负起养家的责任，有一天可以带着我妈上大医院，配一副质量超好的假牙，可以带着我妈到处去吃各种好东西。

3月，回家过完春节以后我就马上回了学校，打算呆上几天，然后就收拾东西住到市区的一个同学那里去，方便跑招聘会。我打算本科、专科的招聘会都去走一走，把网撒得大一点，总会有收获的。回到学校的第二天早上，我在浏览学院主页时，看到大二时教过我们一门专业课的老师在学院网站上发布了一条信息，说有一家在深圳的事业单位招聘一个出纳，因为单位着急要人，有意向的话明天之前发简历给他。我看到后赶紧发了简历过去。后来我听这位老师说只有五个同学发了简历给他，其中一个便是我。当时刚刚过完春节，学校里没什么人，加上我们学校寒暑假宿舍是断水断电的，留校的同学必须集中住到一栋楼里，洗澡必须要到很远的开水房那边去打水，上网要到附近的网吧去上，所以基本没有什么学生愿意呆在学校。那一年偏偏天气又很冷，我们住的郊区比市里气温更要低一两度。

第二天，那个单位的人事部门就通知了面试，问题都比较简单，主要是了解是否有意愿在这个单位工作。可能是因为我的态度比较诚恳，后来单位挑了我。我心里面一阵狂喜，没想到终于有人要我了！面试官当场拍板以后问我什么时候可以过来实习。我说您方便的话，我明天就去深圳！估计面试官也被我的回答吓到了，呵呵。

隔天我就真的收拾了行李跟单位的人一起奔赴深圳。这个单位是一家事业单位，实习工资是一千五一个月，转正以后拿到手大概是两千五吧，有一个六人间的宿舍，早餐和午餐可以在饭堂吃，待遇还是蛮不错的。我做出纳，每天就是跑跑银行，比较清闲。财务没有独立的科室，是挂靠在办公室下面的，所以财务人员就归办公室的管，我的直接领导就是办公室主任，所以经常也要做一些文秘工作，比如写信息报道、写月总结、组织会议、接待兄弟单位参观等。每天的工作就是朝九晚五，下班后有大量的空余时间。

实习了半年以后，我和单位的人都混得比较熟了，对单位的情况也有了一些基本的了解。我是一个比较喜欢思考问题的人，当时对自己的工作做了一个初步的分析。我所在的这个事业单位属于专业性非常强的单位，而我目前从事的财务岗位属于后勤保障工作，如果想要转向业务部门的话基本是不可能的，因为业务部门必须要专业对口。大部分财务人员要么在本职岗位上干一辈子，要么就转向办公室，走行政这一条上升路径。我们办公室主任是一个三十多岁的男人，我觉得他有几个突出的优点：一是文笔很好，他给我们修改的材料是我们学习写作的范本；二是很会做人，和领导、下属的关系都搞得很好，特别是我们办公室女的居多，一个男领导比较容易协调女同志之间的关系，少了很多勾心斗角；三是办事周到，属于领导把事情交给你就很放心的那种；四是酒量、酒品俱佳，既能帮领导挡酒，也能给领导劝酒。

后来有一次在单位加班的时候，我跟办公室主任一起吃饭，他跟我说，他刚来这个单位的时候也是做财务，后来觉得做行政发展前途更好一些，走的路子会比较宽，升职的机会也比较多，于是就转了行。做财务，最多也就是坐到管理我们单位的一个上级单位的财务处长的位置，但财务处长就那么一个，而且做财务的女的比办公室的人还要多，一般领导都愿意挑个男的来当处长。做行政的话以后还可以当一把手、二把手，或者是从事党团方面的工作，又或者是被调到其他相关单位和部门去。

不过，做行政的烦心事也多，因为连单位里面芝麻绿豆大的事情都得管，手下的十来号人素质参差不齐，像我们单位每年都要负责解决两三个军队转业干部的就业，这些人以前在部队里面至少都是连长级别的，是发号施令的不大不小的官，你有点什么事想让他去办，他都不怎么理睬你，何况在我们这种单位，只要没有原则性的大问题是从来不会炒人鱿鱼的，所以你也拿他没办法。说白了，办公室主任其实就是领导的管家，准确点讲，是保姆。事无巨细都得管，方方面面都得做到位。走出单位得让领导有面子，回到单位让领导没有后顾之忧。

我们主任跟我讲完了这一番掏心窝的话之后，跟我总结了一句（在机关工作的人都很爱长篇大论以后做一个高屋建瓴、简短有力的总结，如果你要进机关，也必须学会这一点），是他以前的一个老领导传授给他的，那就是：坐下来能写，站起来能说，走出去能干。坐下来能写指的是文笔要好，要会写材料；站起来能说并不是指随便说说，而是要懂得在不同的场合该说什么话，通俗点讲就是对人说人话，对鬼说鬼话；走出去能干也不是人人都做得到的，做点事情谁不会啊，但能把事情做得符合领导的意图、符合群众的期望就不是人人都做得到的了。你做事是不是有交代，是不是负责任，领导给个事情你去办一回是不是下次一眼就能看出来了，这些都不是容易的事。许多八零后九零后的通病就是口头答应得很爽快，回头就把这个事儿给扔到一边了。有些同学可能在学校的时候养成了拖沓的习惯，毕竟大学里面没有几个没试过上课迟到早退的，没有几个在上课的时候不玩手机不打酱油的，但一旦走上工作岗位，这些习惯都不能带到单位来。我们单位这几年招来的大学生不少，但每天上班比我们办公室主任早的，也就只有我和另外一个科室的同事。

听主任讲完这些以后，我就开始在心里面考虑自己在单位的发展。一是晋升空间，财务是我的专业，但只做财务的话并没有太多的发展，做行政的话我又不能喝酒不懂应酬；二是工资待遇，我们单位的薪酬分配体制简单来讲就是不患寡而患不均，工资升得很慢，工作五六年也还是跟我现在的水平差不多，等以后父母年纪大了，养老的成本肯定会更高，我这点可怜的工资就更显得捉襟见肘了。当然这份工作也有好处，最大的好处就是稳定，相当的稳定，只要你不是犯了不可原谅的原则性错误，不会有人让你卷包袱走人。但是我现在还这么年轻，我要这么稳定干嘛呢？我爸妈对于这份工作当然是相当满意的，因为在他们看来，女孩子就该做财务这样稳定的工作，如果还是公务员或者在事业单位就更好了，相当于拿到了一个金饭碗，有了平平安安过一辈子的基础。

所以我当时想换工作的想法只限于自己在心里面想，谁也没告诉。因为我知道这时候如果告诉了家里人，肯定炸开了锅。而且我现在也没有更好的选择，说了也白搭。如果我想辞职的话，我必须先找到另外一份工作，才有底气向其他人提出我要辞职。

但是这个时候我已经不是应届毕业生了，许多公司都是将校园招聘和社会招聘分开的，校园招聘只针对应届的学生，而社会招聘一般都需要有相关行业较为丰富的工作经验和人脉。所以建议各位还没有毕业的同学要珍惜自己应届毕业生的这个身份，慎重地选择踏出校门的第一份工作，如果可以的话尽量选择一个较高的起点。如果是属于毕业以后没有太多选择的话，只能先开始做你手里拥有的那份工作（就像我一样，毕竟这么大人了不能总让爹妈养着啊，那是件丢人的事儿，我个人很不赞成毕业以后还啃老），然后再慢慢朝着自己想要的目标去努力，曲线救国。

在单位的这半年时间里面，因为工作清闲，我有大量的空余时间，离我宿舍不远处有个图书馆，于是我借了很多书来看，这段时间看过的书对我帮助很大。因为基本上看的书都是自己真正感兴趣的，不像以前，选书来看都是比较有目的性的，比如说为了考四六级而看书，为了找工作而故意找一些励志的书来看。这半年里面我看的书基本什么方面的都有，很杂，但每天晚上看两三个小时的书让我的心境一直很安宁，好像外界的纷纷扰扰都跟我无关，觉得自己整个内心都是丰盈的、充实的、强壮的，就像一个等待爱情到来的人，心里并不着急，因为知道属于自己的，一定会来。

十月初，我在人才市场上看到某国有银行在招聘柜台人员，于是我跑去问了一下情况，发现应届和非应届的都可以投，而且主要是招聘非应届人员。我同时也了解到，这次招聘的人员属于银行的劳务派遣制员工，是跟劳务公司签订合同，而不是跟银行签合同的，不属于银行正式编制。但在场的HR告诉我，入行后如果表现好的话，可以从事储蓄柜台以外的其他业务，比如当理财经理、客户经理、消贷经理等，或者是国际结算类业务，发展空间还是比较大的，业绩好的话工资待遇并不会比正式员工差，甚至可能超过正式员工；而且，工作三五年后，如果表现优异，可以转为正式员工。我觉得很吸引人，最主要的是它不介意我不是应届生的身份，又不像一般单位一样将劳务派遣制员工跟正式员工完全区分开来，待遇上更是天差地别。我觉得这是一个机会，便递上了简历。

很快我就收到了面试通知。面试是小组面试，给出了一个排序题，大概是说彗星即将撞地球，在一个什么设施里面有11个人，但是设施中的食物只能供5个人维持一段时间，要你从11个人里面选出5个人存活下来，承担复兴地球、繁衍人类的使命。小组讨论共30分钟，最后选一个人出来总结。面试题比较有意思，给我的印象很深，我大概都还记得这11个选项的情况，可以跟大家分享一下：

男1是政治学博士，身体健康，女1是他的老婆，心理学硕士，小孩1今年五岁，是这对夫妇的儿子，喜欢动物。

女2是交际花，小孩2是她的儿子，是个三岁的小神童。

小孩3是个小女孩，成绩很好。

女3是年轻的生物专家，体弱多病。

男2是年轻医生，运动健将，同性恋。

男3五十岁，是机电方面的工程师。

女4是个老太太，医术高明。

男4是生物专家，未婚，四十岁。

从这里面要选出五个能够活下来的人。如果在我刚毕业的时候让我来回答这样的问题，我肯定答不好，一是没经验，二是没底气。幸好在这个单位工作的半年多时间里我看了很多书，其中有包括工商管理类的书籍，里面讲过的案例就有这种排序题。其实这种题目都有一些通用的思路。首先要看我们排序的标准是什么，从这个题目来讲，目标是两个，一是繁衍人类，二是复兴地球。繁衍人类就必须是男女搭配，而且不能是同性恋，排除男2，年老的、体弱多病的也不行，排除女4和女3；复兴地球那就要从这几个人的职业和专业来挑选，看哪一些是复兴地球不可缺少的技能，这个可能每个人的标准都不一样，我觉得重要的不一定你也觉得重要。我当时是将不符合第一个条件的男2、女3和女4剔除以后，将剩余的9个人进行了分组，分为男人组：男1、男3和男4；女人组：女1、女2；小孩组：小孩1、2、3。然后再来挑选。

男人组我选了男1，懂政治和搞政治的人一般领导能力都不差（这从我们单位的领导就能看出来了），还选了男4，复兴地球应该需要生物学方面的专家，要是对那些生命科学的东西啥都不懂怎么复兴地球和繁衍人类呢。女的我挑了女1，因为她是学心理学的，复兴人类是一项长久的工程，万一大家出现不良情绪了需要人去疏导，还选了女2，因为她是交际花，我想交际花应该都长得不差吧，现实告诉我们长得漂亮容易吸引异性注意，选她有利于繁衍人类。这样就是两对四个人了，最后再选一个小孩，我选了小孩2，因为他是个小神童，具有很高的可塑性，以后好好培养就是个人才。

当时大概的思路就是这样。其实面试时每个人大概也都能说几句自己的看法，因为面试官不会挑一些大家没话说的题目。但是要尽量做到比较有逻辑性的表达，帮助七嘴八舌说话的组员整理思路，他们才会采纳你的观点。小组面试中，其实说什么并不重要，面试官真的会记得你选了哪五个人出来吗？也许不一定会。重要的是你是怎么说的，是不是有理有据的，是不是令人信服的，是不是充满自信的，是不是能让小组里面的其他人支持你。

出考场的时候，我觉得心情大好，因为我觉得自己表现得还不错。一个礼拜后，我接到了二面通知。

二面是单独面试，五个人对我一个。问题是为什么想要这份工作，自己对于未来有什么规划等，最后问我有什么问题。我比较关心的问题主要有两个，一是工作具体是怎样的，二是待遇如何。于是我鼓起勇气说，能不能具体介绍一下工作和待遇。面试官的回答是让我要做好心理准备，因为刚开始肯定是从储蓄柜员做起，而银行里面储蓄柜员是比较辛苦的，在密闭的高柜台里往往一坐就是一天，一天下来可能连水都顾不上喝一口，办业务态度不够好、速度慢了都会被客户投诉，遇到一些脾气暴躁的客户可能还会当场骂你几句。待遇方面他没有详细讲，只是说他们的待遇不会差的，让我放心。回去等通知就行。如果通过的话，一个礼拜之内会收到电话。

这之后的几天，我几乎每天都是数着日子过来的，而且还不能跟身边的同事说明我的情况，跳槽的胆战心惊我总算体会到了。但是本职工作是绝对不能松懈的，每天我还是认认真真地做好手头的工作和领导交给我的事情，没有人看出我有什么异样。

第四天，手机接到了一个陌生的固话号码。直觉告诉我好消息来了。我马上放下手头的工作，跑到洗手间听电话。接通以后听到：恭喜你……。

就这样我确定自己拿到了这个 offer。我打电话跟家里人说明了情况，我向他们传达了我的信心，没想到我的父母都很支持我，尊重我的决定和选择，只是提醒我，要慎重考虑，最后无论是留还是走，都支持我，如果做好离开的打算，就要赶紧跟领导说明情况，真心实意地表示歉意，不要给曾经共事过的人留下不好的印象。考虑再三，我决定选择去银行工作。做好选择之后，剩下的就是要选一个好时机跟我们办公室主任说了。

有一天下班之后，刚好所有人都走了，只剩下我和我们主任。我走进办公室，说："主任我有件事情想跟您商量一下。"主任问我什么事，看我有点支支吾吾的，他就开口了："想要辞职了？"当时我听到的时候大吃一惊：不愧是办公室主任啊！太会察言观色了。话既然说到这份儿上了，我当然是一五一十地全说了出来，还让主任帮我分析分析。我们办公室主任平常对我们都很好，是很好说话的那种领导，也不摆架子，他听完以后很真诚地给我分析了我当前的情况，完全是从我自己的角度出发。这时候的他更像是一个大哥哥，而不是我的领导。我很感动，没想到会遇到这么开明的领导。说完以后他说，"我给你的这些建议只是个人的看法，不一定对，最后还是要你自己拿主意。我一直觉得你是一个聪明的女孩子，不管到哪里都会发展得很好的，不管你是否选择离开，以后遇到什么问题都可以找我。"

他对我说这些话的时候，我相信他当时其实已经知道我去意已决。但我真的非常感谢他对我的包容，一直到现在我都还跟他保持联系。

我的银行对私业务柜员工作经历

之后，我很快办完了离职手续，到银行上班。我被分到了罗湖的一个支行，报到以后营业部主任给我分配了一位师傅，是一个比我早入行两年的女孩子，她负责教我储蓄柜员必须掌握的业务。我是跟班学习，也就是我坐在我师傅旁边看着，她在柜台上一边给客户办理业务，一边给坐在旁边的我讲解，有时候大堂里面排队的人一多，她根本顾不上我，我就自己看她操作，然后在笔记本上飞快地记下那些看不明白的交易代码和步骤。一天下来觉得自己好像什么都没学，因为自己记的东西都看不懂，脑袋里面一堆堆的问号。师傅把她那本厚厚的笔记拿给我，让我去复印，好好地看。我复印了一个小时，因为实在太多了。晚上回去以后就开始背交易码，看师傅的笔记，再整理自己的笔记，加班到十一二点，完全颠覆了我之前的生活习惯。一个礼拜以后营业部副主任通知我："下个礼拜你要自己上柜。"我当时一听就蒙了，小声说了一句"我可什么都不懂啊。"她笑着说："别怕，你师父会看着你的。"于是那个周末我把厚厚的一本笔记看了两遍，把那些交易码和步骤都背了一遍，然后在凌晨昏昏沉沉地睡了过去。我刚开始想有师傅看着我那我不怕，后来才知道领导所说的"你师父会在后面看着你"的意思是：我和师傅同时上柜，她是一边办着自己的业务，一边抽空看看我这边做到了哪一步，抽空指导我。我师父忙起来就顾不上我了，这也不能怪她，是人都知道一心不能二用，而且涉及现金业务，更是马虎不得。一到柜台上，我才发现我连怎么进入那个系统都不会，赶紧问师傅，给客户办理业务的时候必须翻着笔记边看边做，笔记里面没有的只好扭头问师傅。客户等得不耐烦了，我只好赔着笑脸道歉，客户在走的时候给我评价时按了"不满意"，说："你们银行怎么这样，没有人会办业务就别开门！"我从小到大没被人这么说过，脸上红一阵白一阵的，真想当场挖个地洞钻进去。

下班以后，师傅对我说："这就是银行。我们永远都要在人前笑，即使你

觉得自己受了委屈，人后的辛苦是没有人会知道的，也没有人会过问。可能你现在觉得很难受，为什么要在这么短的时间内让你独立上柜，因为只有在实际操作中才能成长得更快，我当初也是这么过来的，而且比你更惨，我只看了我的师傅操作两天就要自己上柜了，而你还跟了我一个礼拜。”师傅说这话的时候很平静。以前去银行办业务，以为在银行工作是多么光鲜亮丽的事情，却从不知道背后的艰辛。我对自己说，从现在开始我要不停地学习，没有间歇地学习，尽快掌握业务，不能让别人投诉我，因为我胸前实习牌上面清楚地写着我的名字，我不能砸烂自己的招牌。

于是我更加努力地去学业务、记笔记、向师傅请教，晚上回去整理笔记、背笔记，每天都到十二点才能休息。刚开始一个月，业务很不熟，经常都是手忙脚乱，不知道应该先做什么，再做什么，每天都有几个等得不耐烦的客户数落我，我都忍着。有些人说的话真的很难听，但是我不能回骂，因为这是我的工作，只能打落牙齿和血吞。刚开始上柜的两个礼拜，我几乎每天晚上都做噩梦，不是梦见有客户骂我，就是梦见自己在数钱。

两个月后我终于能够自己独立上柜了，除了一些特别复杂的业务之外，我都能熟练地操作了。三个月后我对储蓄业务基本都很熟了，开始帮我师傅分担一些公司支票取现业务。四个月后我做这些业务都很熟练了，而且速度提升得很快，每天能做一百三十几笔业务，在我们这批新进人员里面是最快的。这时我觉得我应该学一些新的东西。于是有一天吃完午饭的时候，我瞅着我们营业部主任走出饭堂了，就赶紧跟上去，说：“主任我想学点新业务。”主任说：“你现在的业务都熟悉了吗?”我想了想说：“基本没问题。”主任说：“好，我知道了。”第二天，主任就安排我去对公柜台学习公司业务，我跟着另一位年纪比较大的柜员学，她是我的第二位师傅。我问师傅公司业务和储蓄业务有什么不同？师傅说：“储蓄业务因为要数钱会比较累，对公柜台这边大多数都是转账，仅存的现金业务也是放到储蓄柜台那边去办理了，相对来讲轻松一点。但公司业务和储蓄业务比起来种类更多，特别是结算类业务更为复杂，需要头脑清晰的人。做公司业务以后发展道路会更开阔，因为对公柜台的业务熟练了之后才能当客户经理，做客户经理以后晋升的空间才会大起来，比如网点行长和管辖支行行长基本上都是公司业务出身的。”

我的银行对公业务柜员工作经历

2010 年 2 月初，我开始在对公柜台学习。3 月份我转正以后，工资开始水涨船高，基本工资有 3 300 元，绩效工资是 1 700 元，加起来刚好 5 000 元。确实跟面试时说的一样：待遇方面你不用担心。当时我很兴奋地把工资全寄给了家里，一方面是给爸妈家用，另一方面也是为了让家里人放心。

对公业务需要审核很多资料，例如公司开户，有外币账户、人民币账户、验资账户、基本账户、零余额账户等，每一种不同的账户需要提供的开户资料是不同的，需要哪些证件和资料柜员自己心里必须很清楚，否则如果在客户办理业务时再翻阅笔记就显得不专业了。

4 月初，我基本能够掌握对公柜台的所有业务了，而且跟很多公司客户都成了熟人。银行的公司客户是比较稳定的，一般公司不会随便就销户，相对于个人账户而言要稳定得多，并且跑银行办业务的基本上都是公司的财务人员，也有些小公司没有专门的财务人员的话也会派业务员跑银行，但人员都会比较固定，所以常来办业务的都会跟我们前台混得很熟。我喜欢在办业务的时候跟客户聊天，什么行业的都有，听他们讲他们公司的事情，让我了解到很多不同的行业真实的情况。

也是在这个时候我开始意识到这样不枯燥的工作才是适合我的。以前在事业单位的工作虽然很稳定，但每天都按部就班，做久了整个人都觉得麻木。但在银行就不会，每天我都可以和外面的人交流，办理着不同的业务，比较有意思。可能有很多人会觉得银行很累，因为下班晚，培训又多，有时候甚至加班到九点十点都还不能下班，但是我一点都不介意。我喜欢趁着年轻的时候多学习，我觉得这份工作适合我。所以说每个人性格不同，适合他们的必然是不同类型的工作，同样一份工作，不同的人会有千差万别的体验。

5月初，行里组织公司客户经理资格考试。之前师傅告诉过我，行里有各种各样的资格考试，最好都去考一考，先拿到这个资格，以后当有职位要竞聘的时候，如果别人没有这个资格而你有的时候你就比别人多一个筹码了。那段时间因为业务培训太多，每天下班都很累，往床上一靠就能睡着。幸好考试那天是星期天，于是我通宵看了两个晚上，眼睛满是血丝地走进考场，硬是让我给考过了。

我的公司客户经理竞聘及工作经历

5月末，我听说我们行正在筹办一个新的网点，这个消息后来在一次例会上从我们营业部主任口中得到了证实。我想，开新网点肯定需要人员过去，一是从外面招聘，二是内部调动，对外招聘的话还得经过培训才能上岗，如果年底之前要对外营业的话，估计是来不及了，比较有可能的是内部人事调动，如果是这样的话，我们新人可能就有更多的机会了。果然，到了6月初，行里发了通知要进行公司客户经理选拔，分为笔试和面试，笔试过关了才能进入面试。我觉得这是一次不可多得的机会，如果被选上的话可能就不用坐柜台了，于是就马上报了名。笔试的内容包括金融方面的理论、公司贷款业务、行测题和英语题。后面还有两道简答题，是关于你怎么看待客户经理和公司业务的。

笔试成绩出来以后，行里根据成绩高低筛选了二十人参加面试，面试是小组讨论的形式，竟然又是排序题，可见排序题在最近几年的小组面试中有多么流行。题目列出了公司客户经理需要具备的素质，从中选出你觉得最为重要的五个，说明理由。每个人有一分钟时间陈述自己的观点，然后讨论，最后选一个人总结。知道是小组面试的时候我在想，以前参加小组面试，面对的都是素不相识的考友，而现在一起PK的都是熟悉的同事，既要竞争又要合作，更重要的应该还是合作，小组面试本来就要和谐取胜，更何况是无论结果好坏以后都必须一起合作的同事。所以即便意见不同，也要委婉地提出，不能针尖对麦芒。

整一场小组面试下来，我觉得我的表现不能算最好，但也不差，在我们那一组可以排第二第三吧，加上笔试的成绩，我估计我可能是排在第三到第五名之间。一个礼拜后成绩公布，我的成绩恰好排在第三，跟我预想的差不多，二十个进入面试的人的成绩都公布了出来，通知上说我们二十个都进入了后备队伍，当然谁都知道一旦有机会的话肯定是按照排名先后来安排的。

7月，我还是继续在对公柜台上柜。之前考客户经理的事情也好像没有了下文，行领导没有再发新的通知，估计是领导忙别的去了。中间有传闻说新网点可能办不起来了，因为新的写字楼所在的地段租金太贵，有可能会被上级领导否决掉。不管世界怎么变，我仍然好好地干着我的活儿。

9月，行领导说新网点快筹办好了，需要我们这边抽一些人过去帮忙。那边缺两个客户经理，我们行里会调两个人去，再从上次参加面试的同事里面选四个人过去帮忙，当客户经理助理，我看到名单上有我的名字，开心极了。

刚开始过去的时候，我并没有什么具体的工作安排，因为新网点的筹备工作处于最后的完善阶段，一直到11月份，我都在跑前跑后地干着各种杂活。但也是在这段时间里，我的协调能力得到了很大锻炼，因为每天都要跟其他网点的同事打交道。

12月，新网点正式对外营业，我有了平生的第一张名片，上面的职位是客户经理助理，其实就是给客户经理打杂的。在给客户经理打杂了九个月以后，也就是2011年9月，我被升为初级客户经理。

把“打杂”工作做得更好

这里我想说一下对“打杂”这件事情的看法。很多人都看过《The Devil

Wears Prada》(穿普拉达的女王),没有看过的同学建议大家在找工作之前先看一看,看这部片子最大的好处是有利于心态的调整。电影里面安妮·海瑟薇扮演的女主角是美国西北大学毕业的一个新闻专业的高材生,有很好的学业背景也有很丰富的实践经验(当过某个比较有名报纸的实习记者),毕业后满心欢喜地进入到顶尖时尚杂志工作,担任杂志主编的助理。如果你有看完整部电影,你就知道她的工作说白了其实就是一打杂的。老板的一切大小事务都得由她去打点,安排会议、订机票这些是分内事,帮老板买咖啡和狗粮自然也不在话下,最令人叹为观止的是还得帮老板的双胞胎女儿拿到还没有出版的《哈利波特续集》! 试问这不是打杂是什么? 但女主角不是一个普通的打杂,她是一个非常专业非常高级的打杂,当然她也试过被老板的压力逼迫到失声痛哭,但后来调整心态后发誓要让老板对她刮目相看,于是以高度的激情重新投入工作。很快她的工作能力就让老板眼前一亮:交给她办的事情全部都办得稳稳妥妥,最让老板惊讶的是她没有交代的事情也全部提前办好了。这让老板始料不及,虽然嘴上没说,但心里面对她的工作能力充满了赞赏和肯定,之后也给了她更多的发展机会。试问这样的打杂有哪个老板会不喜欢呢?

很多大学生刚毕业进入工作单位的时候,领导大都会安排一些基础性的简单工作,于是很多同学都感到很失落。因为每个人都相信自己可以做一些更为重要和有意义的工作,而不是“打杂”。我在这里可以分享一下我在当储蓄柜员时候的一件小事。后来这件事经常被我们领导拿来讲给新人听。

我当柜员两个月后,有一天被调去整理档案室里面的开户资料单,因为过几天有上级部门来检查,而里面有些堆满灰尘的开户单已经 N 年没有整理过了,乱糟糟地放成一堆。业务经理让我们把资料装订好,记下资料不齐的开户单以便追查。当时我们有三个劳务派遣制的柜员和其他几个名校毕业的客户经理(我们几个人都是那一年新来的,都是处于实习期,只是职位不同)都被调过去帮忙,而只有我整理过的开户单受到业务经理的表扬(后来业务经理把我们的表现告诉了行领导)。因为我整理的开户单全部是按日期排好装订的,三十本里面没有一个错漏,而资料不齐的开户单我都在边上贴上了红色便利贴以示区别，并写上这张开户单上缺失的是哪一部分的资料以及客户的联系电话。而其他几个人，不是没有按顺序排好，就是装订得很难看，一点不整齐，更没有像我那样用便利贴标明。这说明只有我一个人认真地去看了开户单上面的资料，并且明确了领导想要我们做的事情。所以说，做事情一定要用心，要注重细节，即使是打杂也要做一个高级的打杂，因为你的一举一动领导都会看在眼里，每一个表现领导都心中有数。我想起之前曾经看过的一句话：即使你现在只拿着 2 000 块钱的工资，你也要拿出能领 1 万元工资的工作水平。这就是说，我们不要总是把自己的付出和回报放在天平的两端，去看它是否对等，如果你觉得你可以获得更好的回报的话，那你就要表现出值得别人给你高回报的相应的工作能力。

两年来工作经历的总结及经验分享

毕业到现在两年，我想我也不是什么牛人，也许也不能给看帖子的人太多的帮助，只能算是提供一些经验教训吧，让大家不要走我走过的弯路。有些东西也仅仅是我个人的体会，说出来给大家作参考。最后我想结合我这两年来的工作经历，跟大家一起分享几句话：

(1) 你的名字，就是你的品牌。

我们的名字都是父母起的，但要真正铸造自己的品牌，靠的还是自己。你在别人心目中是怎么样的？不需要多说，往往在第一时间不假思考地说出来的，就是你在别人心目中的形象。我们进入工作岗位以后，一定要注意自己说过的每一句话，做过的每一件事，因为我们说的话、做的事都会刻上我们的名字。我们绝不能容忍自己的名字跟“不负责任”、“左耳进右耳出”、“做事没有交代”这样的字眼搭上任何关系。只有这样，你才会在工作中成长得更快。

(2) 认真做事只能把事情做对，用心做事才能把事情做好。

这句话是我的一个领导跟我说过的，我一直记在我常用的那个笔记本上，每次换新的笔记本时，我都会先在扉页写上这句话。不要以为领导不知道，你是认真做事还是用心做事，领导一眼就能看出来。因为你是仅仅做到了认真，还是用心去做事，最后出来的效果是可以看出差别的。做对和做好是两个不同的层次，做对停留在事情没有出错的层次上，而做好则需要你真正花心思去考虑怎样让事物本身得到提升，甚至实现质的飞跃，让领导和同事眼前一亮。

(3) 今天很残酷，明天更残酷，后天很美好，但是大多数人死在明天晚上，看不到后天的太阳。

这句话相信很多人都很熟悉，这是马云说过的一句话。这句话我是特别想对和我一样毕业于 2B 学校的同学们，还有我母校的师弟师妹们说的，不要因为自己的出身而悲观，我们可以自卑，但不能让自己卑微到放弃向上的勇气。之前有师弟师妹跟我讲过他们找工作时是如何如何碰壁的，我听完以后心情很复杂，因为我看到了我曾经的自己。听完师弟妹的倾诉，我想电话那头的他们也许期待的是一声“加油”，但我只是沉默，我不知道该说什么，因为我知道，一句简单的“加油”，说出来很容易，听上去也很美，但也许到了现实中，一碰就碎了。真正经历过失败的人会懂得，那么多痛苦、挫折、失望、郁闷到想抓狂的情绪，只能自己去品尝，熬过漫漫长夜后才会有一点点的光亮。我想马云的这句话，说的就是这个道理。我们不要去责备现实如何残酷，实际上你所经历的也是我曾经经历的，我所经历的也是走在我前面的人所经历过的，因为这就是生活。

前段时间在 HBO 上看过乔治亚·欧姬芙的自传电影，她是 20 世纪美术史上最著名的两位女画家之一，并创下了美国艺术史上第一位女性个展的纪录。她曾经说过：“我生来胆小，但我从来不因为我的胆小而不做我想要做的事情……别人的视角永远不如你自己的好，因为这是你与生俱来，且最终就是你的全部；失去了它，你就失去了自己，以及其他全部。”同样的话，送给各位。

网友评论

应届生论坛 ID： http：//bbs. yingjiesheng. com	评论内容
冰火了然	我弟弟也是一所 2B 学校毕业的，所以我很清楚 2B 学校的情况。文章很真实，不是从好学校毕业的学生在就业市场上确实比较受歧视。学校的好坏我们无法改变，我们自己的境况把握在自己手里。我觉得你很棒。不能免俗地说一句：加油！
Jessica1234	给了我们同在 2B 院校，仍在奔波于各大招聘会的应届生莫大的鼓励和希望。很喜欢“用心做事才能把事情做好”这句话，希望我们认真地付出，能收获一份好的答卷。
珠珠 86	写得真好，我也正在找工作，目前还没找到呢。我们学校还是 211 呢，其实也被鄙视，我们市还有个 985，人家学校差不多都签完了，我们才签没多少。而且面试很考验语言表达能力，什么小组讨论啦，真是我的死穴啊，不太擅长在公众面前讲话。需要像楼主学习啊，需要有个明确的目标。
qincathy	在充斥着各种大牛 offer 的历程中，这是难得的一篇，从内心出发，经过生活磨砺的文章。我跟楼主其实有很多共同之处，但是我缺乏的是楼主这种踏实、用心、一点点地实现自己目标的精神，还有改变的勇气。一直以来，我都在找不到工作和其他事情的重压之下自怨自艾，如此看来，我的确应当给自己一份自信，然后勇敢地面对下一次机会。感谢楼主。
smallfly333	你是我所看过的文章中写得最用心的一个，文字很朴实，但是精神却异常华丽，相信每个看过文章的人都有这种体会。求职的艰辛深有体会，因为我现在正在经历。我在面试的时候失去了很多很好的机会，让我真的很痛心，很受打击。看着别人一个个拿到 offer，我很心酸。楼主的事迹让我大受鼓舞，我要学会坚强，在逆境中成长。

第三楼

一个同济毕业上海女孩的就业之路及人生感想

作者：佚名

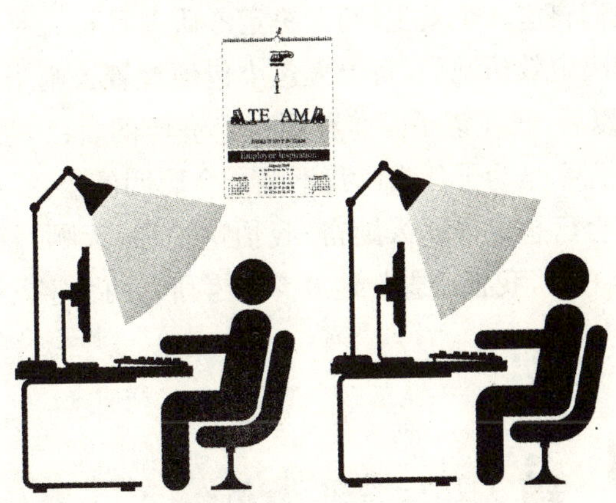

三楼佚名:同济本科女,经历两个月考研复习,最终放弃——一个月人寿保险公司实习——半个月某知名相机公司实习——某大牛公司实习并被录用——上班伊始挨批,各种悔过——入职半年多升为 leader

感言:你的努力别怕别人看不到,也千万别怕自己吃亏,你的吃亏,别人也看得到。

我是 2005 年毕业的,偶尔来这里看看,不常灌水。今天来随意写下一些,衷心希望能对各位有所帮助。

考研与就业的选择

2004 年的暑假,我和大多数人一样,在考研还是找工作中艰难地抉择。凭良心说,我选择考研并不是因为我真的很想读书很想深造,而是因为我害怕接触社会,想再在学校窝几年。所以,虽然我非常不喜欢我这个专业,但我还是决定做一只鸵鸟,情愿去干我唯一擅长的事情——读书。现在想起来,当时太不了解自己了。呵呵。

我们寝室 4 个女生,两个决定考研并且每天早出晚归,整天也见不到人影。我决定效仿她们,每天大包小包地拎着去啃书。不喜欢终究是不喜欢,2 个月以后,我在镜子面前看到一个憔悴的自己,想起我这些日子以来的生活状态究竟是为了什么?我不是一个聪明的小孩,我没有本领过目不忘,我又没有自己想象得那么勤奋,我怕这怕那,天哪,忽然觉得,自己一无是处。2004 年 9 月,我很没志气地放弃了考研。两个字,怕苦。

我的三次实习经历

放弃考研之后,我在招聘网站上填写了我的完整信息,等待工作的降临。2004年9月中旬，我的第一份实习开始了。

那天，一个很甜美的声音从我的手机传来，约我在徐家汇美罗城面试。我无比激动地去借了正装，提早了半个多小时到。到了以后我才发现，是一家人寿保险公司。那个面试我的经理居然是同济毕业的，有些人就是有这种魅力，寥寥几句话，就能让周围的人围着他转。像我这样没见过世面的人，魂轻易地就被勾走了。在我离开那里的时候，我已经答应要留下来做做看了。

我没有考证，所以不可以接单，于是我就在那里观察他们是怎样工作的。接下来的1个多月里，我亲眼看到了一群斗志高昂的人在没有任何签单以后是如何被经理骂得狗血淋头的；我也亲眼看到了上海滩上一些有钱人的嘴脸。说实在的，以前我是鄙视那些做保险的人的，我认为他们素质低下只会粘人。现在，我对他们多了一份理解，并且他们之中确实有就算是放到任何行业都能光彩夺目的精英。也许是看出了我不是这块料，一个月以后，我被委婉地驱逐了。呵呵。我是高兴地走的，走了以后还在徐家汇逛了一圈。第一次社会经历，让我很真实地触摸到了钱和人的关系。

10月中旬，我迎来了第二次实习，我的一个同学的姐姐，在某知名相机公司做广告，着急找人来帮忙处理一个他们举办的赛事。一下子找了好几个像我这般年纪的学生，做的工作无非是更新数据库之类的。我当时是抱着希望，最好做着做着就能留下来。结果两个礼拜以后，赛事结束，我又被驱逐了。我拿到了600多元钱，因为我是她弟弟的同学，她算是特别优待我，给我开了一份实习证明。上面写着我是如何如何的好，呵呵，我当时心想，我有这么好？这么好你怎么不留我?!

10月下旬，我迎来了最好的一次实习经历，这次实习决定了我的工作。大家都有这个经验，网申一般没用。我在51job上申请过N多网申，统统石沉大海。有礼貌一点的会给我回一封信，说我的资料已经到了数据库，他们会慢慢核对。所以我确实没有印象，我曾经投过这一家公司。

某天早晨，当电话的那头传来她是某某名气很大的公司的HR的时候，我确实是呆住了。因为我根本不记得我投过什么职位。我一直支支吾吾的，居然她也没说什么特别的，最后报了一个很远很远的地址，叫我第二天去面试。我挂了电话以后想，这种公司我是肯定没戏的，那就去一次算是锻炼一下我的抗打击能力。

第2天面试，没有程序考卷，没有英语面试，什么都没有。两个经理坐在会议室里面，一个在打电话很忙的样子，一个笑容可掬。

那个笑容可掬的就问了一句话，"你在××公司(就是那个相机公司)实习过对吗?"

我点点头。

"OK，就是你了，我们这里时薪10元钱，三个月，有问题吗?"

"没问题。"

"好，明天来上班。"

走出去的时候我彻底晕。

接下去的日子我不太记得是怎么过的，每天都很忙，我就是一个小秘书，什么杂活都干。

我一直都认为，大公司的门槛很高很高，只有牛人中的牛人才有机会进去。我也一直认为我不是牛人，所以我莫名地对里面所有的人产生了敬仰之心，做事异常小心，就是复印个文件，我也要核对N次才敢拿去给他们看。如果被他们抓到了什么错误，我会难过半天，心里想着，我绝不奢望能留下来，不过这里的经历对我将来找工作会有帮助，说出去也好听。呵呵。

我身边的人变化也很大，感觉有很多人在一夕之间长大。22岁之前，我一直觉得学校就是社会，除了食堂的大妈偶尔会摆脸色给我看，没有人会轻视我。我是家里受重视的小孩，一路顺顺当当，一直坚信读书是唯一的路。到了22岁我才明白过来，除了读书，我真的什么都不会。该说什么呢?

2004年冬天，他们到同济来做宣讲，其实我心里明白，他们根本不会招这么多人。可是即便如此，场面还是摆得很大，一副要招几百人的腔调。我冷眼旁观着，心里想，何必呢，知道你钱多，别来玩弄我们这些可怜人啊。这时居然有人叫我——我在公司里不经常能见得到的高级经理。

他冲我笑了笑，"你要应聘不需要到这里来啊，明天到我办公室来好了。"

我愣了半天，头一次晚上很没面子地失眠了。

原来，我也并不是那么差?!

第二天出了办公室以后，我忽然感慨万千，我想在这里说:你的努力，千万不要担心没有人看到，如果让你去做很小很小的事情，千万不要认为是大材小用，不屑去做，你的价值，会点点滴滴地在每一个细微的动作里面体现出来。

2004 年 12 月底，我签好了三方协议。2005 年 1 月中旬，我面前堆了一大堆的应届生考卷，需要我对着答案批改。我亲眼看到我的同事们是怎样对付这些考卷的，他们只看答案，还看一下字迹和学校，然后了事。这个世界就是这样，并不是你不优秀，往往是差那么一点点，你就和别人走了不一样的路。所以各位如果谁笔试被刷下来的，千万不要气馁。我想说，很多失败并不是因为你不够好，有的时候就是差那么一点点。但是你怎么知道接下来挨到你的选择不会比你失去的更好？所以，请平心静气地对待挨到你的任何一份工作，你的努力一定会有回报，也许迟一点也许早一点。

正式上班伊始挨批，复旦实习生未能留用

2005 年 7 月，我正式加入并被分到了一个项目中去，我对项目这个名词没什么概念，貌似就是一份大一点的作业吧。我的 leader 是个严谨的中年人，我看到隔壁桌的同事开着 MSN 和 QQ，于是很没志气地也在自己的机器上开了。结果，被骂了。在 leader 分配完任务以后，问我有没有问题，我很诚实地回答，时间不够。结果，又被骂了。当时觉得很委屈，为什么别人开 MSN 就没事，我就要挨骂？为什么我说实话也不行，也要挨骂？简直莫名其妙嘛！

第二天早上打开电脑时，outlook 里面有一封很长很长的信，是 leader 写给我的。他罗列了一长串我身上的毛病，比如不应该在工作场合用聊天工具，不应该在办公室吃早饭，分配的任务应该尽力去完成，确实有困难了再提出，不应该一开始就推托，等等。他说，我是刚毕业的人，是一张白纸，在一开始就不应该有污渍，这样将来才会越走越好。希望我不要怪他。

那天，我把自己关进厕所大哭，我一直认为我是个到哪里都很乖巧的人，真的，从来也没有人会挑剔我这么多毛病。今天，一个职位很高的人、一个和我接触不到几天的人就一口气说出了我身上这么多缺点，并且写了这样一封长长的信来告诫我，简直让我“受宠若惊”。一个人的优秀，不只体现在这个人本身，当他有本领让身边的人惭愧，并且因此而努力的时候，才不愧为“精英”。自从那以后，我对工作有了另一番见解，也会慢慢开始留一个心眼，观察身边的人是如何展现 professional 的一面的。

细节，是体现一个人各方面能力的表现。千万不要忽视它。

2005 年 8 月，我第一次加班到深夜，因为带着隐形眼镜（时间太久，几乎带了一天了），晚上不停地流眼泪。加班是件新奇的事情，以前听人说四大有多么多么恐怖，加班加得有多么多么厉害。其实，哪里不用加班呢？每个人做事情有他自己的底线，有些人觉得做到 80 分还不够，达不到 100 分的话至少也要 95 分。于是，加班就成了自愿的事情，其实没有老板在你背后指着说，你，给我留下来加班！真的没有，但是就是到 10 点多，仍然有很多人迟迟没有回去。

上海的生活压力大，不努力就不会加工资、不会升职，你想要混日子也可以，但是看到别人的幸福生活时，难道不会懊恼想当年我再努力一点点，再一点点，今天就会比他更出色了？所以这里的人，加班很正常。他们的背后有妻有子，有沉重的房贷，这一切不见得是为了老板，只是为了自己，这个理由已经很充分了。被剥削？奴性？不，这里根本没有愤青，愤青在真实地面对生存的压力之后，我想也会变平和的。你的底线是多少？做到多少分？我做不到 100 分，但是我愿意尽力做到 100 分。

2005 年 8 月底，我拿到平生第一份工资，我咧着嘴乐了半天，真的，看到卡上多了这么多钱，无比兴奋。于是，第一个月的钱，被我全部捐献给了各种商人。第一次感觉，有钱真好！做学生的时候，看到稍微贵一点的东西是绝对不敢碰的。现在可以很豪气地说，“买！”我很没气质地想，工作为了啥？不就是为了买起东西来豪气一点么？对，就是这样。

2005 年 9 月，第一次觉得自己是如此幸运。9 月的时候，进来了一个复旦的实习生，据说编程很强，还有口译证书，总之就是很厉害。进来做什么？打杂的。由于年龄相仿，我跟她很投缘，于是我鼓励她要好好干，机会无处不在。她真的很厉害，就是那种跟你说几句话，你就能从她散发的气息中感觉出这是一个聪慧的人。

两个月以后她拜托我去询问 leader 的意见，看她是否有机会留下来。

leader 很简单地说了一句，“不好意思，今年不招人。”

我身边的同事偷偷拉着我说，“像这样的公司，招不招人、招多少人，都是有计划有名额的。他们并不在乎你有多优秀、多出色，对于管理者来说，他不需要天才，他只需要一些肯干、踏实的人。当然，你最好是这批应征者中最棒的，但是为了最棒的你而增加名额是不可能的。实习生哪里都有，到处有人排队抢着做。他没有必要招正式员工。”

很残酷，当你觉得你的才华被这么多迂腐的条条框框给框住的时候，确实令人抓狂！我不禁问，“可是我当时就是做实习生然后转正的啊？”“因为当时正好有人离职，人手不够。”呵呵。不知道该说什么好，当我意识到幸运多过于自己的能力以后，不知道该哭还是笑。复旦的那个小女生坚持着没有走，到了第二年春天终于还是熬不住走了。之后去了一家咨询公司，但愿她一切都好！

一个萝卜一个坑，如果你为自己糟糕的运气而懊恼的时候，一定要对自己说：说不定，下一个坑会更好。

我做招聘面试官

2006 年 3 月，我一直觉得自己是个兵，说话不大声，没有威严，我一定不是当领导的料。所以当我被指定为 leader 的时候，还是挺激动的。虽然我的组员是外驻的，呵呵，不是外驻也轮不到我管。

我这边的外驻组员都是跟我同一年毕业的，大多来自于水产、工技大、上大等，偶尔会看到几个复旦、交大、同济的。挑选外驻的时候是我一个人去的，印象比较深的是其中的两个女生，第一个是华师大的，说话特溜，感觉很精明的样子。当我问她还有什么问题的时候，她很直接地说：“你们这里的工资待遇怎么样啊？你们是不是配笔记本的啊？什么牌子的啊？你们通常加不加班啊？加班给不给加班费啊？”我无语。

第二个是水产的，看说话的样子，不精明也不是很聪明。可能是受前一个人的影响，我一上来就说：“我们这里可能会加班。”她连忙一个劲儿地点头，“没问题的，我经常加班的。”当她准备交卷的时候，又前后扫了一遍，然后递给我，卷子上字迹工整，在答不出的题目上写了几个字：抱歉，真的不会。短短的几分钟，我便决定就是她了。

我从来都是被面试的人，当我今天站在面试者的角度看待被面试者的时候，才发现很多东西都是我们面试的时候所忽略的，比如你的眼神、你的谈吐、你该关注的问题、你流露出来的你身上的特质。对一个初次见面的人来说，别人没有时间来了解你这个人有多么讲哥们义气，有多么见识广博，有多么善解人意。这是门学问，我们共勉。

2006 年 4 月，项目中来了一个新外驻，同济的，在这么多外驻中，她的卷子得分最高，面试的时候也表现得最好。我心想，那是，这是咱们学校的呢。呵呵。接下来的日子里，他的各方面表现都是最好的，我给他打了最高分。有一次我偷偷问他，“为什么会进这个公司?”他很腼腆地说：“呵呵，大学四年天天打游戏，醉生梦死。到了大四了才发现自己什么证书都没有，什么都不会，绩点又低。但是心高气傲总觉得自己有才华，此处不留人自有留人处。结果到了 6 月份，实在是没有办法了，随便找了一家公司，就是现在的公司。工资 1 000 元左右(现在涨了一点点了)。现在还是打游戏，不过没有以前那么疯了，毕竟还是要努力啊。最近正在张罗着跳槽，希望会有好消息。”

两个月以后，他在 MSN 上告诉我，他进了 eBay，我很高兴，走了一小段弯路以后，金子终于还是发光了。所以你是金子，就一定会发光，这是我坚信的。

说到游戏，我想男生们一定很委屈，你们女生就可以沉迷于化妆品和衣服的世界里，我们打个游戏招谁惹谁了？确实是，打游戏不怎么样，正常娱乐嘛。但是你真的只是把它当作正常娱乐吗？如果一天当中，你从挣开眼睛到闭上眼睛都在打游戏，你还觉得这是正常娱乐吗?

关于所学专业：学会将郁闷转换为动力

我是个本地小孩，从小老爸老妈就教导我，读书要考最高分，这样将来才能有出息。我的老爸老妈是那种天塌下来你都别管，只要给我好好读书就行了的人。我不才，最高分是不可能的，但是倒也不很差就对了。高考填志愿的时候，我从来没想过要走出上海，现在想起来，上海的小孩被保护得太好，以至于觉得自己头顶上的这片天是最蓝的。选专业的时候我彻底晕了，说实在的我根本不知道那些专业学出来是干什么的。没有人告诉我，老师也不懂，他就只知道卷子卷子、考分考分。

当我真正进入大学知道我接下来的四年将要学习什么的时候，真是很郁闷。但是当我知道，我的三个室友都是以绝对的高分考进同济并且被调剂到这个专业的时候，我把我所有的不满都小心翼翼地收藏了起来。外地学生的辛苦我是有耳闻的，但是我真的没有想到竞争会这么残酷。

我的室友中，有一个高考的时候外语卷是满分的。她们每个人在考试上的建树都是很厉害的，但是在面对专业的选择时，都跟我一样彷徨无知。最后白白地扼杀了潜藏在身上的特质。

我们这一行 4 个女生，最痛苦的事情并不是我们没有选到心仪的专业，而是我们根本不知道自己喜欢什么。并且，直到今天，我对自己的喜好也许有了一些轮廓，但却还是抓不住。不知道各位有没有这样的感觉，就是对什么都没有特别的兴趣，但是如果老师或者谁谁谁让你做什么，也还是会乖乖地去做，做的质量也不错。仅仅这样而已。

我的人生中似乎从未有过一次是因为内心而发的激情碰撞而努力完成一件得意的事情。不知道该说什么，22 岁之前，我就是这样一个没有个性的人，不温不火。现在我深深为此自卑，随着年龄的增长，深切感觉到没有激情的努力是绝对没有光彩的。也许你还不赖，但绝不出类拔萃。

我们公司里年轻的孩子很多，让我切实地感受到了年轻的活力，我无法表达当我见到一个大男生 coding 的时候居然眉飞色舞着的样子时的心情。我一直认为 coding 是人世间最悲惨的事情，呵呵。在看到一张张精神饱满的年轻的脸孔，长指在键盘上敲打得怡然自乐的样子时，我真地感到很惭愧。我偶尔也会问同事，“是装的吧？写代码很开心吗？”他却不以为意：“并不喜欢，不喜欢的人多了去了，但还是不得不做。因为你不做有的是人做。既然躲不了，那就坦然一点，去享受它。”很有哲理吧，我不敢相信这是一个像我这般年纪的人说出的话。呵呵。

也许从那时起，我开始后悔了。当初是怀着多么沉重的郁闷读着这个专业过完我的大学时光的，现在想想我的郁闷全浪费了。我偶尔会看到你们之中很多人跟我一样在郁闷着自己的专业。我觉得大多数人都郁闷，呵呵。但是既然已经这样了，那就把郁闷转化成别的什么吧。郁闷久了是会变成习惯的，既然一些事情不能改变，那就去享受它。享受的过程就在酝酿着激情，当你拥有激情的时候，刚好你还拥有一个不错的头脑。那么你一定会成功的。

对于工资的思考

呵呵，工资是个敏感话题。我们这些小孩子理所当然地把工资作为衡量自己身价的尺码。大四那年，每当有人签了以后，大家伙儿的问话都浓缩成了两句话：哪？多少钱？

是啊，钱很重要。当我偶尔去一下百盛，看到几百元的衣服仅仅是因为打了5折以后，就N多人簇拥而上疯抢的情景时，真是不由得感叹，钱啊，都是钱惹得祸。

2004年找工作的时候，我在心里想，给我2 000元就可以了，住的地方嘛，反正我老爸老妈暂时还没有要赶我出去的打算，吃嘛，我一个人吃得也不多，就是买买衣服、化妆品就行了，反正我也不想存钱买房子(事实上我认为不靠父母资助，现在让一个年轻男生买房子娶老婆养家这是不可能的)。但是人既然生活在社会里，真的是不由地会去攀比和妒嫉。我一直认为我是一个心平气和的人，但是当我在听到谁谁谁签了个N高的价之后，还是会不由自主地妒嫉别人。当然我也只是自己生生闷气，呵呵。

那时候我身边有很多人，在和我聊天的时候都会有类似的话题，“你说那个3 200的好，还是2 800的好？”呵呵，工资成了公司的代名词了。我也不能免俗，当时如果是让我选，我一定是要钱多的了，说出去也好听，“我毕业工资3 000多呢。”

现在，我遇到了很多人，很多已经成家立业，小孩都满街跑了。加班的时候碰到他们心情好时会聊上几句，他们常常很感慨地说，他们当年毕业的时候，大学生是多么的值钱。我说，现在也值钱啊，只是钱贬值了而已。

“钱是赚不完的，想要赚钱就不该做技术，做技术不会比做销售赚钱。也许你家门口卖牛肉面的阿姨也比你有钱。既然做技术又不想转行卖牛肉面或者其他什么的话，就不要在乎多1百元钱还是少1百元钱，其实没有区别。多1 000元钱少1 000元钱也没什么区别。但是4位数和5位数，那就有区别了。这是一个台阶，一个初级技术员和中级技术员的差别，对读书人来说，这是面子问题、能力问题。想要跨上这个台阶，来日方长。”

不知道我转述的这一番话，对各位有没有启发？我想说，我们大家都在乎钱，呵呵，这个是没办法的。但其实我们这些理工科刚毕业的都是初级技术员，少一点钱多一点钱只关乎你一个月多吃几顿大餐，多买几件衣服。就你现在的一点钱买不起房子，买不起车，那还计较什么呢？如果你想早一些突破下一个零的话，就不要太介意眼前的得失。不要为了谁谁谁比你多了几百元钱而耿耿于怀，咱们要竞争的是几年以后的收入！

对于考研、读研、学历的思考

对研究生们，我怀着一颗敬仰的心。这是一条被我放弃的路，对坚持到底并取得成功的人，我很钦佩。

我常常看到这样的问题：要不要考研究生？研究生值钱还是本科生值钱？

正方观点自然是要考，一定要考！这年头本科生都不值钱了，没有个研究生学位怎么镇得住？

反方观点是没必要，反正是骡子是马拿出来遛遛就知道了，咱有的是能力不需要靠文凭锦上添花。

我的见识并不多，以我有限的见识来说说看我个人的想法。我始终认为，只有人跟人的差别，没有学位与学位之间的差别。如果你是一个牛人，你本科毕业找工作会很出色；你读完研究生找工作会更出色。如果你不是牛人但是个勤劳的人，那么即便你不想读研直接去就业的话，前景也会不错的；如果你想读研把自己造就成牛人的话，你一定会比之前更出色。如果你不是牛人但是是个懒惰的人，那么我觉得你读了跟没读没有什么区别。你还是不要浪费你的时间了吧。

很多人都会把找不到工作归咎为：他们只要研究生呀，他们鄙视我们本科生。我倒不这么觉得，你是不是该考虑一下自己身上是否出了什么问题？作为一个管理者，除非真的是只有专业的知识要应用非得要研究生的话，对他来说，学历低一些反而能降低成本。至于你所认为的硕士毕业比本科毕业多的那么一些钱，我刚才说过了，4 位数和 5 位数是有区别的，除此以外，我们都是初级的，没有什么差别。

想读硕士的话，我是建议各位读的，做技术嘛，多读点总是好的。但是希望各位不要太过耿耿于怀你的学历，不要把自己短暂的不幸全部归咎于你的学历。你的人生要怎么走取决于你这个人。

学会调整混社会的心态

都说学生单纯，这是真的，学生时代的攀比、嫉妒，甚至连吵架都是单纯的（当然，除了云南大学那个杀人的以外）。就像我妒忌隔壁寝室的哪个人工资比我高，我也就活动活动心眼，要不怎样？拿把刀把他砍了工作就归我了？怎么可能。

学生时代的谈话也是单纯的，问什么答什么，顶多不乐意告诉你了就骗骗你，顶多这样。我们的道德底线都差不多，以至于我也曾经一度认为社会上的人道德底线都这样，如果你现在还和我当初那么想的话，那就请你快醒醒了，呵呵。

林子大了，各色各样的人也就多了，很多人的确用着不太光明的手段取得了比你辉煌的成就，这个时候你该怎么办？走出校门以后，你的前途不是全部由你的实力所决定。校园内，老师可能不太认识你，他也不需要和你打交道，他只需要知道你这门课及格还是不及格。老师和学生之间，学生和学生之间是没有或者很少有利益冲突的，缺少利益冲突的关系是纯净的，让你想说什么就说什么。

但是校园外，在公司里不同的年龄阶层，无论是你的上司还是你的同事，都是直接和你有利益冲突的，利益是什么？就是钱啊，大家都想要买车买房子，一牵涉到这些，人就变得尖锐起来了，这是人之常情，你、我都一样。

也许你认为某些人在工作方面并不如你，什么都没有你好，可是他就是八面玲珑，就是有所谓的手段，最后跑在你前面。这个时候，你身上尖锐的东西会全部都冒出来，这些刺扎伤了你自己，也扎伤了你身边的人。你会开始哀怨：我啊，壮志未酬啊，生不逢时啊，没有伯乐来相中我啊，你们这些人都瞎了眼啊，没看到我这个奇才啊。就这样，慢慢变成怨妇怨夫。渐渐的，你对任何事情都会缺乏积极性，心里想着，反正谁谁谁有后台，他一定会容易就怎么样了，反正是轮不到我的，反正……

确实，很多人含着金汤匙出身，很多人很虚伪，为达目的不择手段，那怎么办？我就是生下来没有这么多后台，我就是没有这么虚伪，但是谁知到会不会三十年河东三十年河西，风水轮流转？那我跟他们比什么？有什么好比的。这个时候，一定要心平气和，一定要告诉自己，他们已经没有被你列作竞争对象了，他们的行为并不会影响你，并且他们身上一定还有你需要学习的东西，即使他实在身无长处，你就学学他的穿着、谈吐也是好的。把自己尖锐的心沉静下来就会豁然开朗，心情愉快做事情自然会得心应手，这个时候，机会就离你不远了，心胸宽广的人是受人欢迎和赏识的！

领导是这么筛选简历的

有人提到简历的问题，那我在这里说说我的领导是怎么看简历的。我经常能见到的领导有三个，对待简历的方式有一点是不约而同的，他们都不喜欢很长很长的简历。我曾经见过最长的简历中英文加起来居然有12页，真是让我感觉像一篇论文。通常他们看到这种简历，立马out，一般中英文3页，是他们比较能接受的。

其中有一个领导比较在意学校，常常也不看别的，就问是什么学校的，在我的唠叨下，他现在认为交大和同济是没有区别的，本来嘛，本来就没有区别，对吧！

除了学校之外，领导还比较在意你的实习经历，如果是研究生的话他们会比较关注你曾经跟过的项目，所以如果你有跟过比较重要的项目，一定要写得很详细。如果你是本科生的话，会比较在意你曾经在哪里实习过，如果你这方面是一张白纸的话，那就要去补补了。

他们三位都不看绩点，通常的做法就是面试前做卷子，绩点这个东西在他们看来比较垃圾。因为绩点是可以花钱修得很漂亮的，这个他们是知道的。你在你的简历上要写上你曾经得的奖学金、你的实习经历，这两块是比较重要的！至于你的个性如何，对自己的评价之类，这些就少一点吧。我曾经见过一份简历，对自己的评价写了一张纸，跟写作文一样，晕啊。

求职心态及面试经验

呵呵，今天又有一个人的话把我逗乐了，“现在找工作弄得跟追女生一样”，好吧，我不得不承认，还真是形容得很贴切。那你觉得女生好追吗？是不是觉得现在的女生越来越不好追了吧?！几百年前，女生哪用追的，反正年龄到了就一颗青菜配一个萝卜。几十年前，一个蛋糕、一辆永久牌自行车就可以哄一个女孩子坐在你的车座后面裙角飞扬了。现在……我听到越来越多的人抱怨，现在的女生，怎一个“唉”字了得，唉。

呵呵，像不像大学生找工作？想当年可是怎么着也不愁找不到工作的，现在是挤破了脑袋争取同一份工作。好吧，那我们就用谈恋爱的方法来找工作吧，有很多人恋爱失败就败在怕丢脸，为啥呢？因为怕丢脸而不敢表达，怕被那个人笑说：“哦，原来你喜欢我啊。”其实有什么关系呢？你只管表达自己的，管他呢，她要是鄙视你，那就别理她，反正这件事情只有她知道你知道；她要是鄙视你，还告诉别人一起来嘲笑你，那这个人素质有够差的，你该买鞭炮庆祝你没有得到她；她要是因此而接受了你，那可是苦尽甘来啊，你就偷偷找个地方美上几天吧；

她要是既不说接受你也不说拒绝你，跟你玩暧昧，那你就掂量掂量吧，我个人的意见是，咱不缺这一个！呵呵。拿出你表白时的勇气吧，不要怕。

还是说说找工作吧。我们大家都一样，找工作的时候，都会有眼看着身边的人一个一个落实了以后的羡慕，都会仿佛从脚底升腾起一股烦躁不安的情绪。有好多人跟我说，我啊，没什么个性，要是群面，一定轮不到我说话；或者，我啊，没有谁谁谁性格那么活泼，跟别人相处得那么融洽。很多人都会这样有意识无意识地对自己有心理暗示，我是带着这样的情绪很多年了，深有感触。

我也不是一个很活泼的人，就是那种把我丢在人群里面，没有人会注意到我的那种；如果很多人聚在一起，我常常是聆听的那个人，我不善于也不打算在许多人面前侃侃而谈。我也会偷偷地想，像我这么没个性的人，会有公司要我吗？今天我以我这些日子以来的经历转告各位，真的真的不要把自己的想法套到别人的身上，拿自己以为的东西来庸人自扰，是最傻最傻的。

别人怎么认为你，怎么想你，太微妙了，又岂是你能揣测得完的。也许你觉得自己这里不好那里不好，但在别人眼里却是优点，我是一个闷葫芦，不过，据我的同事说，交给我办事很放心，因为我常常闷声不响地就把事情给做完了。呵呵。

不要自己给自己心理暗示说，“我这个这个是肯定不行的”，你就试一下嘛，实在不行就告诉自己不是这方面的料，也不要给自己暗示说，“HR 一定不喜欢我这个样子的，你看，我没有那个人能说会道”，你怎么知道他不喜欢？你又不是他，那你瞎猜什么？还烦恼什么？就做你自己，他不喜欢就不喜欢嘛，你又不跟他过一辈子，总有别人喜欢你这样的，对吧？！

我有好多个在大学里认识的学长（研究生快要毕业了呢），有些问我，面试的时候该注意些什么？我之前有讲过面试的问题，我自己在面试别人的时候，常常喜欢观察应聘者说话时的眼神。有些人说话时喜欢看着地板；有些人说话时眼神闪烁，也许是习惯问题，总觉得有意无意地偷偷看你几眼；有些人喜欢边说话边玩东西，或者衣角，或者头发；有些人说话时会下意识地抖脚，如果你有以上的问题，你一定要练习、纠正。

说话时眼光还是自然向前为好，但也不用直勾勾地看着对方的眼睛，这样显得很凶。最好不要有多余的小动作，这样会显得你似乎很心虚；说话可以慢一点但一定要逻辑清晰。

克制投机的想法

有好多人问我，说，我现在知道错了，我大学四年没有好好努力，但是，请相信我，我是很强的，我绝对不比别人差，我只不过是没有那些证书而已；现在看到很多人去修改成绩单、做假证书，我也想做，否则我便没有机会了呀，我是不是该做呢？

问我这些话的人还不在少数，我想说，当你问出这句话的时候可见你早就已了然这是错的，你只是需要有一个人最好肯定一下你的意志，说，这没什么大不了的，大家都这样。然后你便会去做了，是吗？

我想我可没有这么大的魅力对你传教中国千百年以来的诚信美德，毕竟的确有太多太多的人用着不诚信的手段，让我也深陷于无奈、嫉妒，甚至暴躁的情绪中。我只想说，当你尝到投机取巧、不劳而获的快感后，你不再会去想回头尝尝努力的滋味了。当你做了几个伪证书以后，你还会去考真的证书吗？我还想说，我至今所见到的精英并不多，以我有限的见地来说，他们无一例外都有一个共同点，就是踏实。

也许有点像说教，其实我自己也并不能做得很好，我一直克制着、克制着，希望自己不听、不看、不想身边发生的那些不劳而获的事情，那就像大麻，我觉得我一旦触碰了，便会不由自主了。到底该怎么做，我想每个人心里都有一张谱吧。每当我被嫉妒冲昏了头的时候，我只能这样安慰自己：路遥知马力。你也可以试试。

学好英语

有人问我关于英语的问题，英语啊，我心中永远的痛。我从小学三年级开始就学英语了，学到现在虽然是六级优秀，但是遇到外国人还是结巴，我也曾经考过中级口译证书，可惜我花了近两千元钱愣是没考出口语证书。

我觉得中国人有个习惯，凡事都要有个有把握的答案才敢说出口，我以前也是，一定要在心里面把一句句子搭建好了才说出口，以至于“恩”了半天也说不出什么来。

后来工作了以后，遇到很多项目都是由各个国家的人组成的，美国人、法国人、日本人、韩国人，我有的时候要对着这些人说上个把小时，根本就容不得我去思考这句话是否有语法问题，久而久之造成了我现在想到单词就往外嘣的习惯，没有什么语法可言，全场下来就我一个人在那边手舞足蹈，反正能听懂就行了，呵呵。

如果你遇到英文面试，而且面试官是中国人，那好办，你就随便说，他能知道你在说英文就行了，至于内容能让他了解50%你就肯定过了，因为他即使听不懂也不会好意思叫你再说一遍的，呵呵；相反如果是外国人，你倒应该讲得慢一点，尽量讲简单句，只要你字正腔圆，让他们听明白了你在说什么，就没问题了。

语言本身就是一个工具，你又不要去做作家，你管它优美不优美呢，放心大胆说吧，呵呵。

正确对待考试

关于考试，我也经常想，这年头以考试成绩论输赢太傻了，多少人活了这大半辈子，竟是除了考试之外啥都不会的。可是我不得不说，你能想到比考试更好的办法来选拔人才吗？我不能，我在招人的时候，不可免俗地，只能先注意他的学校，他的成绩，他的简历，为什么？因为我根本不认识他，我哪有这么大的本领知道这个人是不是有能力、有主见、有想法。就算是面谈上三十分钟，又有谁敢说就能看出这个人是什么都有，只是不小心缺了好成绩，缺了好简历呢？

我确实相信，很多很多人，就像你所说的，没有那么高得出奇的绩点，没有辉煌的奖学金历史，不乐意为了一场考试使出浑身解数，但他们很有想法，很有能力。这样的人全中国不知道有多少。事实上，我个人觉得，考试是中国现今比较公平的规则了。你设想一下如果没有考试，穷人家的小孩还会有机会读名牌大学吗？不过千万别被我说的话束缚了思路，我也非常乐于看到来自我们同济的学生发明一个代替考试的规则，真的！

这么多人有几种出路，一种，就像我说的，金子，一定会发光，也许被世俗所扰，起步不如别人，但加速度一定比别人大，这样的人，你就不要着急嘛，呵呵。另外一种，金子，觉得自己吃亏了，明明那么优秀却被那些教条所束缚，于是每天哀伤啊，为什么教条就不能改改来迎合自己呢？于是一直沉迷在自己幻想出来的游戏规则的社会里面。金子同志啊，游戏规则是永远不可能来迎合你的，那怎么办，你就不过日子啦？

很多人都说，我写得很真。是啊，因为我、你、咱们大家，都是平凡的人，但是也都希望自己不平凡。然而，我们往往都在对未来的憧憬中，渐渐迷失自己最初的执著，我在这里写下的一切，都希望能激励我自己和我母校里所有的兄弟姐妹们，坚持下去！虽然中国的房价那么高，工作那么难找，生活质量那么糟糕，但都不可以放弃！那么总有一天我们都会成功的。

职场上要克服懒惰

这里有上班的人吗？我不知道你们是不是和我一样，上班很辛苦，并且也许上班的地方离家会很远，那么基本上等你回到家洗完澡啊什么的，已经很晚了。这个时候，一般我都会打开电脑开始上网，有时候还打打游戏，然后就睡觉。日子就这样一天一天地过去，经常会有莫名的空虚，我在干嘛？我想要的生活就是这样？上班，下班，上网，睡觉，再上班……？

上班上得久了，人就开始产生惰性，以前很认真做的事情，开始得过且过起来，不是所有的工作，都像电视剧里面那样，那么富有挑战，让你精神饱满地去面对每一天。重复得多了，自然觉得没意思。我也一样。于是，我也开始偷懒。但是我非常庆幸，我有一个非常严厉的领导，导致我偷懒得不能这么彻底。

我的领导今年30多岁了，他一直挂在嘴上的一句话是：你看看你们这些扩招的大学生……他经常说，他们当年这些大学生，都是用高中教育的模式培训出来的，而我们现在这些大学生，考试的时候考点一划，不考的不看，考的就背例题，什么都不懂也能考及格。一点技术含量都没有，汗。我是经常被他训的，他的口头禅就是：已经没有水平还不勤奋点！

我是唯一一个脾气好的在他手下干活的小孩，很多小孩都不愿意跟他，转到别的项目去了，我倒不是逆来顺受，我其实也是因为懒，就这么待着吧，也挺好。

今年我独立带了个项目，艰苦到啥程度？就是我早上7点多跑到公司去，晚上零点左右，打的把我的组员都送回家然后我自己再回家，因为只有我可以报销出租车费，就这样的劳动强度，我坚持了1个月。因为我这么拼命，我项目里的组员也都愿意跟我一起加班，其实他们完全可以不加，因为我们公司不给他们加班费。他们是完全出于人道救助精神，即使住得很远的人都愿意主动帮我分担一些。以至于我在项目结束后聚餐的时候，差点哭了出来。这个项目结束后，我的领导对我说，你还不错……呵呵。

紧接着的一次国外培训的机会，我的领导力排众议，非让我去。反对的人的理由是，我太年轻了，我的领导说，这小孩有潜质，让她试试看，她如果不行我肯定给你们道歉。

这个事情他没有跟我说过，我是通过别人的嘴听到的，听到的时候感动得一塌糊涂。我临出发的时候，他对我说："别丢我的脸，你又不聪明，多花点精力。"

我觉得，从毕业以来，这一路走得都很顺畅，以至于我觉得不真实，还记得我曾经说过的么，你的努力别怕别人看不到，也千万别怕自己吃亏，你的吃亏，别人也看得到。别计较太多，别抱怨太多，你的计较和抱怨，别人同样看得到。你的优点，也许一天两天，别人看不出来，也感受不到，但是路遥知马力，一年两年，只要你坚持，别放弃你最初的执著，你身边的人一定能感受得到，这个过程，也许就是积累机会的过程吧！上班很无聊吧，再无聊也别放弃你的执著，一定一定。

网友评论

应届生论坛 ID: http://bbs. yingjiesheng. com	评论内容
doublelink	我每一个字都很认真地看过来,就是这篇文章让我在奔流着眼泪的同时在心里有了阳光,我从去年 9 月份的招聘开始,一路坎坎坷坷走到现在。第二年的 3 月,每一份工作最后都将我拒之门外了,好心酸,我跑的多,我挣扎的多,我付出的多,失败的最多的也是我,眼看就是班里最后一个没有归宿的人,今天依然再一次惨败了。极端绝望的时候我很庆幸看到这样一篇贴心的文章,很感谢作者能跟我们分享这样的心得与历程,你是个有心人,你的善良会在这里发光发热,让我这个受益者在为自己祝福,祝愿自己尽快重拾信心的同时也在这里深深祝福你,祝好人一生平安!
Constan 丁	很真很感动,谢谢你,让我看到了在这么一个浮躁的社会里还有一个这么真的人,我一度以为到了社会上就是乱七八糟的走后门之类,像我们这种一无所有的小孩肯定会吃很多很多亏,所以我很沮丧,但是你的文章为我拨开了一些迷雾。
cappucinno	写得非常不错,确实很有启发性,我个人觉得无论是工作还是做什么事,不要老想着要如何成功,要比别人强,首先要摆正心态,我是牛人吗? 不是,99%的人都是平凡人,那就行了,尽自己努力做就行了,不管最终结果是什么,自己能做到的就是这个。
qiancao1919	谢谢你,看完眼泪就忍不住了,在成长的路上,也许总有那么一段时光,心里的那个自己那么渺小,但渺小的我们也要坚持着向前走。我想当下半年我开始找工作时,也许在遭到一次次拒绝的时候,我会想起你的故事,我会提醒和告诉自己:我不会放弃自己!
xiaolu0333	挺有感触的。我现在在一家五百强的公司实习,已经六个月了。我有同感,自己的付出是有回报的,而且学历学校都没有什么差别,关键还在人本身。有次同事告诉我,我们总监觉得我很好,希望我能够毕业后留下,我很感激,觉得自己的努力和付出都得到了相应的回报。哎,生活其实就是这样,只不过是想找份自己喜欢的工作,好好地生活,但是却发现非常难。

第四楼

那些年，我们一起追的Offer

作者(应届生论坛http://bbs.yingjiesheng.com ID)：KOsialfeP

四楼 KOsialfeP:广东某二本院校经济专业男——网投 30 多家企业,8 家进入面试——同时拿到广州电信、深发展银行、广州壳牌石油、益普索市场研究、新世界地产、李锦记中国 6 个 offer,最终选择李锦记培训生

感言:找工作的策略只有一个——准备得比别人好。

我的背景及 Offer 汇总

先介绍一下自己,我是广东某二本院校经济类的男生,绩点低,挂过科,外表和英语都一般。没有特长,连篮球都打不好,枉费了身高。在校期间折腾过,做过院学生会主席,去海外做过公益项目,参加过省内学术比赛。

我是从去年 9 月开始回校找工作的,于今年年初找到心仪的工作,历时三个多月。我给 30 多家企业投过简历,什么网申都认真做,但还是挂了一堆,进入正式面试阶段的企业只有 8 家,分别为广州电信、深发展银行、广州壳牌石油、益普索市场研究、AC 尼尔森、箭牌中国、新世界地产、李锦记中国。除了箭牌终面 over,AC 尼尔森一面就挂,其他都收到了 offer。

最后,我选择了李锦记的管理培训生。一来自己对快消了解得多一些,比较感兴趣,二来因为这是我能够选择的企业里最欣赏的一家。

我对于找工作的三个观点

我这篇文章主要讲的是找工作的心态,不是技术贴,因为技术贴应届生论坛(http://bbs.yingjiesheng.com)上有一大把,我重复了就没有亮点了。我就讲心态,心态好,再困难都能熬下去,空有一身本事,没有勇气,还是找不到想要的工作。

我的文章有三个观点：

第一，比找工作更重要的是发现你找工作的动力；

第二，找工作的策略只有一个——准备得比别人好；

第三，择业，关键看你要什么样的生活。

看到观点就可以有自己的理解的朋友，相信已经思考过这些问题，我也只是分享一下自己的浅见。文章有点长，看不完可以直接跳过，至少我的观点要先明确。

第一个观点：首先我想提一个问题，你找工作为了什么？注意是找工作为了什么，不是为什么找工作，找工作无非就那么几个原因，你不找，谁爱找谁找。要是你一门心思就想在毕业前找一份好工作，那么你要非常明确你找工作是为了什么，说白了，你有什么目的？

我认为，比找工作更重要的是发现你找工作的动力。举个例子，比方说你有一个很好的女朋友，你想和她在毕业之后继续发展下去，找一份工作让自己留在合适的城市。那么你守护的爱情就是你找工作的动力，因为你是个男人。再进一步说，无论你是为了自己的理想，为了自己跨上更高的平台，还是为了自己要赚钱，任何时候你都要清楚自己找工作是为了达到什么目的。这种动力必须源于你本身的需求，不要为任何人任何事，就为了你自己，一定要发现你的动力是什么。

当然动力也是分级别的，找不同层次的工作动力会不同。有些哥们勉强做了一份简历，投任何企业都不愿修改自己的简历，不去了解那家企业有什么要求，待在宿舍里面海投、狂投，不跑招聘会，不去找求职成功的朋友取经，干等面试通知，就算要面试也不怎么好好准备，明显是动力不足。

好工作好比一辆四轮大木车，要拉。假如我是猪，拉不动，你是千里马，想去哪去哪。要把自己的动力变得更加迫切更加强劲一点，这样动力会变成一股坚定的力量，再受冷落再受打击，这股力量都会从你的内心深处给予你温暖，驱使你努力准备下一次的反击。箭牌终面没过的时候，我与自己最想去的企业失之交臂，后来就是靠这股力量挺下去的。

第二个观点：发现了自己找工作的动力之后，接下来你要比较积极地做一系列关于找工作的事情，比方说做简历、网申、笔试、面试。但是这时离你拿到 offer 之前还需要很多考验，要想最后拿到 offer，你在这场竞争中要有策略。策略只有一个——你要准备得比别人好。

找工作期间，任何考验都可以提前做好准备，每一次面试好比是一场舞台表演，你要展示出最好的自己。台上十分钟，台下十年功，一样的道理。其实每家企业都有他们的招聘要求，每位面试官都有自己的偏好，没有人可以确定一个标准，唯一确定的是面试官会在优中选优，所以如果你做得比别人好，你就有机会胜出。想要做得比别人好，首先要准备得比别人好。

你可以把你简历里面的照片 P 得好看一点，你更应该注意护肤，因为企业都喜欢脸色好的人。你可以给自己准备一件合身的正装，因为很多人的正装没有去改，所以不合身。你可以对着镜子练好你的自我介绍，因为很少人会注意修改自己的表情。你可以在百度上面一页页地看关于企业的信息，寻找切入点，因为很多人只是看百度百科。

准备箭牌销售管理培训生面试的时候，我跑了一整天去看箭牌的货架，从网上找箭牌的内部员工培训资料，了解收银台陈列；凡是应届生论坛（http://bbs.yingjiesheng.com）上面关于箭牌面试的帖子我都一页页去看，在笔记本上记下前人的心得；在优酷网上力所能及地搜集箭牌的广告，放进手机临睡前拿出来看，帮自己洗脑；找哥们要箭牌师兄的电话号码，打电话给师兄，打破砂锅问到底。但是，我还是没有拿到 offer。

所以，李锦记的面试我准备得更加充分，我做了准备箭牌面试时做过的所有事情，不同的是，这次我花了整整一个礼拜。我和兄弟花了三天时间对李锦记的渠道进行走访，终面的 PPT 我每一页都写好稿子，整整 12 000 多字，连停顿和声音的大小我都排练好了，事先找朋友练了一个晚上，每一个环节都烂熟于心。临面试的前一晚我和他准备 presentation 到凌晨三点，面试之前还先洗了澡，吹好了头发，让自己显得不那么难看。

我说这些事情，不是想证明我是个什么样的人，只是因为我失败过，所以我知道我要准备得更好，因为比我做得好的大有人在。这样的经历让我真正相信一个规律，当你准备到你觉得你不能再做什么的时候，你想想，你准备成这样，你都过不了，一般人更别想拿到 offer 了。应届生实在太多了，好工作又太少，总是一个僧多粥少的局面，所以要多挑水。除非你是唐僧，有孙悟空帮你打妖怪,即你有个富爸爸。

第三个观点:假如你已经有好几个 offer 了,恭喜你,你已经顺利跨过就业这道坎,在你面前的是一扇门,叫择业,至于通往哪里你需要慎重思考。

当初我因为怕找不到工作,所以我什么工作都去找,后来 offer 拿到手了才开始思考,有时候眼前的选择多了,自己会乱。相信不少朋友都有过这样类似的纠结,为了让大家尽量避免这种尴尬的局面,我想和大家分享一下我是怎么思考择业问题的,仅供参考。

我的职业选择观

我认为,择业,关键是看你想要什么样的生活。我会分成两个部分来分享,先分析工作要考虑的主要因素,之后分享我择业的方法。

一份提供给你的工作,一般都需要考虑以下因素:待遇、工作地点、户口档案问题、所在行业发展情况、企业水平、发展机会、竞争压力等。

按照我的经验,一般应届生最关注的是工作地点、待遇、企业发展机会和竞争压力。工作地点我能聊的不多,因为每个人都有自己的偏好,我就跳过了。

关于待遇:据我了解,对于商科生来说相对好的企业起薪今年大概是 4 500 元左右。起薪 8 000 + 的工作,除了快消、医药那些大牛的管培职位,一般的职位没有这个价位。所以要调整好自己的待遇要求,要是一开始的待遇能够让自己经济独立,应该多点考虑发展机会和就业压力。虽然现在不给力,但是投资未来嘛,说不准的。要是你有几份待遇差不多的 offer,要比较待遇问题,我建议你看一下行业的薪资水平,到网上看看行业的平均水平作为参考,毕竟你所在的行业的薪资水平代表普遍从业人员的平均薪资水平。最好通过相关的从业人员去了解一下,毕竟经济基础决定上层建筑嘛。还有一点,好的企业不会希望员工只是因为钱来这里上班,同时他们也不会让合格的员工为钱做过多的忧虑,很多好企业其实都是这样的。我不是被洗脑了,20 出头的我们总要积极地相信点什么,努力会有回报的。

关于发展：要是钱的问题解决好了，接下来应该考虑发展，毕竟选择一份职业，就是选择你以后想要的生活方式，至少是你毕业之后的一段时间里要过的生活，你的发展步伐和你的就业压力会在很大程度上影响你生活的质量。关于发展的问题，大多数人认为，要从事自己专业所在或者有兴趣的行业才会有好的发展，但是很多人都没有办法顺利找到这样的工作，只能从事与自己兴趣、专业不同的行业，这样我们的发展是不是就没那么好呢？诚然，能够从事自己想做的工作是一件幸福的事，但是试问有多少个应届毕业生真的知道自己可以坚持下去的工作是什么？你或许会认为身边有很多同学进入了想进的企业就很厉害，你在纠结你自己不知道要什么，但是事实上谁也不能确定这样的工作是不是一直都适合他本人，唯一确定的就是不确定。你想想，大部分你从前认为有趣的工作在日复一日的重复之后，大部分的工作流程都成为了一种技能，你会渐渐发现工作本身不能带给你新的东西，假如薪水还是停留在不上不下的水平，这时候我们很有可能都会对工作产生麻木。这是一个相对普遍的现象，或许我们之中的任何人都没有办法避免这样的阵痛。那么你现在想想，其实你要从事的工作是不是那么的不可逆转？

其实发展的问题，谁都说不准，关键是看你自己。你现在所做的决定至少要 3 年，甚至 5 年、10 年的时间才能真正告诉你自己是不是做对了这个决定，或者说是你把这个决定做对了。不是说你选择了国企，你就理所当然地获得了安逸稳定的生活；也不是说你选择了外企，你就毫无疑问地过着高薪高压的生活。择业从来不是数学选择题，没有正确答案，不是说你选了 A，你就对了，更没有选了 B、C、D 就是错的规矩。很多时候我们做决定，不是看你是不是做对了这个决定，而是看你能不能把这个决定做对了。

你有神圣的责任去把这个决定做对来证明你自己是正确的，因为你代表的，是你自己。

先选一个不错的行业，相信自己的眼光，力所能及地在一家不错的企业工作 2 年以上，把自己先打造好。发展首先要稳住脚跟，如果在一家企业待不住、做不好，那么去了哪里都一样。伟大是熬出来的，冯仑如是说。

关于竞争压力：我相信，竞争压力无处不在，国企的压力不一定就比外企小，公务员也不见得比任何职业都轻松。面对压力，我们能做的只有适应，就像我们生活的环境有大气压，我们体内有了相同的气体就适应了。道理也是一样的，每个行业都有压力，都是慢慢适应的过程。我们都曾担心过自己会顶不住压力，但是神奇的是，当你爬到某一个高度，你身边的压力也会少一点，因为你已经足够强大。我相信人被压迫到了一定程度之后，很多事情都可以挺住了，就像入学时的军训一样。这不是逆来顺受的逻辑，只是世界永远是适者生存。死不了就活下来了，彪悍的人生不需要解释，老罗如是说。

如何选择 Offer

接下来第二部分，我们该如何在自己的 offer 里面去选择？我认为，尽量选择相对大的企业。大企业的制度和管理都相对规范，因为我们要完成从学生到职业人的转变，首先要求的是自己要养成良好的职业习惯，做一个合格的行内人，这是发展的前提。更何况，一般来说，在相对大的企业里的平均薪资水平是高于相对小的企业的。

其次，选择哪份工作的缺点是你最能接受的。

每家企业都有它的优点，你做不了决定就证明你觉得几个 offer 的优点都差不多，这个时候我建议考虑这份工作的缺点。比方说，银行的客户经理应酬很多，做市场研究的工作要一整天对着数据，或许这两个对你来说都是缺点，你看看自己更容易克服哪一个。任何事情都是正反合的过程，反这关克服好了，自然会合。

最后，考虑你的工作会不会让你过上想要的生活。

工作就是生活的另一个舞台，你的工作会让你和某一类人打交道，形成不同的社交圈子；你的工作会给予你现实的经济基础，满足你的生活所需；你的工作会影响你和家人的交流时间和方式。这些问题都应该思考一下，不要把一份工作单纯看成是谋生手段，只是考虑这份工作能不能让你买房子、买车子、娶妻子，这是一个长期的奋斗。何况日子还是要照样过，要考虑得生活化一点，不要只想着买这买那，最美好的事物都不需要购买。现在没有人会替我买房子，我连汽车轮子都买不起，女朋友也没有，我对未来还是充满希望的，因为我有一份工作，而努力工作是所有天生不是王子的男生成为国王的最现实的手段。我相信这份工作会让我过上我想要的生活，在阅读的你，我希望你也一样，加油！

人一辈子都在做选择，一次择业不会决定我们人生的全部，希望大家都敢于选择，做最适合自己的选择，为自己的选择负责。

网友评论

应届生论坛 ID：http://bbs.yingjiesheng.com	评论内容
Katherinejob	许多见解蛮有深意，读过了，思考中。楼主的文字体现了楼主的优秀，加油！
june	三个多月的经历，总结提炼，凝练成点，这些点是大部分应届生迷惘待解开的结。然后一字一句打下，再修改，四五千字。应该至少写到九、十点吧，呵呵，不愧是做销售的，把需求关系由混乱到有序、由浅到深写得相当清晰，一个个都是此文的卖点所在。对得起这些 offer，加油。
恋秋之雨	细致地阅读过。感谢分享。我相信我也可以。对，没经验、没学历、没背景，能做的就是充分地准备，应对一切困难。
姜小晗	看到楼主为了一份工作做的准备，真的是自愧不如，十分不如，万分不如。虽然我是工科女生，在我们这一行工作，更多的是靠知识积累和专业能力，只要准备好知识就好了，不需要去做那么多调研之类的，但是楼主的文章让我看到，牛逼的人总是有牛逼的道理的。很多时候我们看到牛人，仰望，然后觉得我们之间有不可逾越的差距。原来，其实那差距只是那么简单的几个字：做足准备。我真的付出得太少了，却期望得到太多。向楼主学习。
空谷道人	特励志！能在面试前就进行如此细致的准备，成功当然会青睐。学习了，也在反省自己。

第五楼

我在北京房地产行业摸爬滚打的这七年

作者(应届生论坛http://bbs.yingjiesheng.com ID):zypcrazyboy

五楼 zypcrazyboy：建筑设计男，中等偏下成绩，毕业后进入房地产公司——跟领导混职场，各种加班、各种昏天暗地——两年后进入职业上升期，屌丝华丽转身——五年后跳槽小地产公司设计经理——工作第七年，辞职

感言：人生那么长，炫耀是做给别人看的，本事是自己的。

2004年：这一年我大学毕业

我的故事里有三个人：我自己、我大学同宿舍的同学及我第一个公司的直接领导。我们三个都是学建筑设计的，我同学和我同年出生，都是80后，领导比我们大5岁。我在这里讲讲这几年的经历和感触，把我们三个放在一起写可以让大家有个比较。我是认认真真据实写的，希望给大家一点启发。只写事业，不写女人。

先讲讲我们的现况。

我：现在辞职了，辞职前在一家地产公司做设计经理，一个月基本工资16 000元，月补助5 000元，得拿发票换。年终奖看公司效益，去年十几万，今年可能很少。

我同学：自己开了家设计所，挂靠某大院。今年自己到手的收入估计有70万（当然这是他告诉我的）。

我前领导：现在是××公司的集团副总，年薪在7位数，关键是还有公司的股票分红。

我是2004年大五毕业（建筑设计专业五年学制）。我的成绩在年级中排名偏后，我同学设计考得很好，但是高数挂科了，所以我们都悲催地没有被推研，只能找工作了。我去了一家房地产公司，当时还不是很有名，但是拿了很多地；我同学去了一家大设计院，解决了北京户口。那时候我们工资都不高，我一个月才3 300元，有季度奖金；我同学更惨，只有1 200元的基本工资及项目分成。而且悲剧的是，当时我俩都不知道能拿多少奖金。日子过

得战战兢兢。我们合伙租了一个房子，在东三环，两室一厅，租金 1 800 元一个月，我们一人 900 元。

不过当时物价也低，5 元钱的一个羊肉泡馍就有好多好多羊肉了；8 元钱的鱼香肉丝有满满一盘子，我能吃两顿，午饭一顿，打包回去晚上再吃一顿。北京鲜有房价过万的楼盘，潘石屹的建外 soho 卖 1 万多一平米就让人很惊讶了。

我从进公司开始就跟着我现在的领导，当时他是设计部的部门副经理，据说是这个公司招的第一批名牌大学生里的其中一个。随后几年他飞速发展。我佩服他的胆识——那时建筑系学生是以进地产公司为耻的，大多去设计院画图或者去规划局做公务员。他在公司没有对手，因此迅速得到了老板的赏识。

在刚进公司时，我的很多工作方法和工作习惯都是在他手底下养成的。比如他每周都会把要做的事情列成 1、2、3、4 点并写邮件发给我们，要求我们把这些事情拆成每天要做的事项并在早上发邮件给他。白天做自己的事，下班后再开会，把做完的销项，没做完的说明困难，他再帮我们解决。刚进公司的时候，他还经常请我吃饭，很详细地和我讲工作方法。这些东西对我一直很有用，受益甚至远超过大学的课程。其实社会上大量需要的都是你能把一件事有条理、按时保质地完成，至于创造力和个性，那是少数达到尖端的时候才需要的。

还有一件事也是我记得很清楚。公司拿了一块地，让我们做户型研究。他叫我去画几个设计图出来，我刚毕业，一股冲劲，第二天就得意洋洋地拿了一大堆自己设计的带三角的多边型的户型给领导看。他啥也没说，给我一本土得掉渣的《深圳住宅设计全集》叫我翻看，然后他画了一个中规中矩的户型给我。后来他跟我讲："别人不在乎你对他们炫耀什么，而在乎你给他们的是不是他们想要的，有理想是好事，但也要面对现实。"

这一年我几乎天天在加班，因为很多事情都不熟练，又不想耽误事，每天都要十点多才弄完。终于到了三个月发季度奖金的时候，领导把我叫到办公室，给了我一个信封，里面有 2 万元的现金，我当时就傻了，老子第一次拿这么厚的钱啊！然后他告诉我他升成正经理了，所以钱由他发，原来的经理滚蛋了。

这时我设计院的同学正在每月 1 200 元地挣扎着，为了生活费，他还拼命地给原来的老师干私活。我请他吃饭的时候，心里充满了优越感。

不过有个现象，我领导有时会叫我们一起唱歌、喝酒，有一次我带上了他，随后他不管多忙每次必到，并且每次都抢着买单，甚至没钱的时候就刷信用卡。最后到了我不去他也会去的地步。

2005 年：买了第一套房，跟着领导混职场

2005 年是关键的一年，令我至今难忘的大事是我同学还我钱了。经过是这样的，他每月 1 200 元的工资，刨去房租只剩下 300 元了，而且他还经常冲老大的面子请人吃饭、喝酒、唱歌，所以钱根本就不够，而他苦逼的设计院居然到年底都没有清账。于是他除了每天晚上蹭我饭之外，还经常管我借钱。

那个时候我经常加班，但不管多晚他都会等我回来，然后舔着脸说："去吃夜宵吧，你看我一画图连时间都忘了。"那段时间我们天天同出同进，以致房东一度以为我们是基友。吃东西的时候就一把鼻涕一把泪地讲"又没钱花了"，然后我就会借他 200、300 元的。但他有个好处，每次借钱都会拿本子记下来，然后到月底就说："我又欠你×××了。"每月不多，但从 9 月上班到年底，他也欠了我 1 万多了。

终于过完年，他的一个项目结了。有一天他神秘兮兮地说："我请你吃饭吧，吃好的。"我说："你不是没钱吗？"他说："发奖金了。我再找个银行把欠你的钱转给你。"然后他拿出他的小本本，噼里啪啦一算，就和我去银行了。但他请我吃的所谓"好的"，就是在劲松桥的一个叫富丽客的自助餐厅，一个人才 48 块钱。当时我一边吃一边骂丫："孙子，我借你的钱的利息都不止这点饭了！"

第二件大事是魔兽世界公测了，这导致我沉迷了好久并损失了 2 万块钱的季度奖，还损失了一次向上爬的机会，这是让我最痛心的一件事。那段时间，我每天按时下班回家下副本，玩到凌晨 3 点，导致工作效率直线下降。最后领导忍无可忍地把我叫到办公室，痛批我之后说："直到现在我都不敢把一个项目设计完整地交给你管理。"这使我痛心疾首且痛改前非。

第三件大事是我买房了。当时北京的房价微微开始冒头了，让我萌生了买房念头的是，有一次一个温州的姐姐直接找到我们董事长办公室，半天才出来。后来公司流传开了，这个姐姐一下买了 15 套，这让我顿时有了紧迫感。上半年我到处看房，主要集中在东三环（公司的房当时有点远），发现国贸及以北那一带我依然买不起，往南过了通惠河一看，和乡下一样，但房价还没有那么悲剧，想想反正就隔河相望嘛，就凑合吧。

钱一部分是我自己攒的，我在第一年除了买衣服和"供养"我同学之外，没有什么开销（大五的时候我和我女朋友分手了，她去了深圳，悲剧）。半年下来存了 6 万多，后来家里又凑了 17 万（我是啃老，很丢人），本来打算买个 90 多平的二室一厅。然后我就跑去单位开收入证明，我领导也正好走过，就问："买房还是买车啊？"我说："买房。"他问："多大的？"我说："90 平米吧。"他说："这么小以后肯定不够。"我说："多了我也买不起啊。"他就说："买大的，我让公司给你先开 10 万，然后从你以后的奖金里扣。"这一扣就是 1 年多啊，但就因为这句话，我的房子多了 30 平米，这是我最最感激他的地方，因为这 30 平米比我现在 1 年的工资还要多得多。这件事情，也成为了我妈每年一次在亲戚朋友那儿必炫耀的材料。

买完房子之后，我的压力一下就大了。我和家里合计，我自己还 1 500 元的贷款，家里帮忙还 2 000 多元的贷款，等到交房后再租出去。但关键是我没有奖金了，而且不能失业，每个月也只能剩下 2 000 元不到。恰逢我们的房东想涨房租，我就和我同学说咱们退租吧，他说也好。然后我们在东南五环附近租了拆迁房，开始了我们最苦逼的一段生活。每天早上我们得 6 点 50 起床，经过近两个小时的颠簸，到达公司。只能买两个 5 毛钱的包子当作早饭，然后去公司换上西装，开始一天的工作。晚上最怕加班，末班车是 22：10，要是没赶上，那就只能在公司睡觉了，后来我在公司的洗手间里备了牙刷和肥皂。现在回想起来，买房就像一场豪赌，只不过在那个时间、那个地点我赌对了。好多机会都是转瞬即逝的，但我觉得这样讲又有点犯贱，过后看谁都知道是机会，但置身其中谁又能看透呢？

更加苦逼的是，公司在这段时间找香港设计师梁志天做室内设计，而且指定要在香港做，我正好负责这个项目，于是经常飞香港去事务所盯图。当我怀揣着 10 块人命币走在琳琅满目的打折货柜之中的时候，心中暗自涌起一种苦涩。

工作顺利了不少，这得感谢领导的悉心培养，很多东西知道了怎么去做，再做就是熟练的问题了。而在这个过程中，我也渐渐发现了他受老板赏识的原因。

工程刚刚开始的时候，我和他去巡查工地，工程经理也陪着。有很多东西做得很粗糙，然后我领导就说这里不好那里不好，说着说着，他突然拿起一个混凝土块，冲着一个完工的部分一砸，然后说："重新做吧。"就扬长而去了，留工程经理在那傻愣着。从此，工地施工的时候都知道要找我们研发部确认，施工质量好了很多。这事很快传到老板耳朵里去了，年底他就升为北京公司副总了。但这件事也埋下了很多后遗症，最终也成为我离开这里的原因之一。

销售部的人跟我要一个报告，但这个东西应该是他们找广告公司做的。他们找我的时候，我正在忙别的事情，就随口答应了，后来也就忘了。第二天他们没拿到东西，就找我领导投诉了。领导下班后找到我，我就很委屈地说："这东西不该找我呀。"他问："你答应了吗？"我说："我随口应了一声。"他说："既然不是你的事情以后不要随便答应，既然答应了就要做到，而且做了一定要做好。"然后我们两个一起熬夜把东西赶出来了。第二天一早他把东西发给了销售部，同时附了封邮件说这本来不是我们部门的事情，但东西是我熬夜赶出来的，建议以后这种事情最好找广告公司做。职场是有尔虞我诈，但有个道理，你想要立足，就得让自己可靠、可信。

2006～2007年：我的职业上升期

对开发商来讲，2006和2007年是鸡犬升天的两年。什么叫鸡犬升天？用一句我们老板的话讲："你就是弄条狗来摆在售楼处，它都能把房子卖出去。"我看到了售楼处门口排起的长龙，人们彻夜排队为了一个买房号，还有人雇用民工排队，拿到号的人好像拿到了未来，满脸洋溢着兴奋。我清楚地记得公司一个楼盘的开盘价是15 500元/平，第一天推出的200多套房被一抢而空。晚上我们跟销售一起吃饭，销售总监说："咱们涨价吧，就涨3 000元好了，第二天200多套还是一抢而空。"像儿戏一般地涨价，像儿戏一样地售罄。

这是地产商最暴利的两年，暴利背后还是高价拿地、银行贷款、上市圈钱，整个市场冲入了巨量的资金，房价跟打了鸡血一样，离老百姓越来越远。

对我来说这是幸运的两年，高额的利润可以让公司在开发的时候不再对成本投入斤斤计较。想做作品，这种状态最合适了。公司拿了几块好地，做酒店、做写字楼、做商业。北京公司从单项目运作变成了北方区的总公司。对于我的领导来说，这是最好的消息，很快，他的头衔变成了北方区集团总裁。悲剧的是，我的职位还是职员。公司招了一个研发部经理，是和政府有点关系的，变成了闲职。冲在前头干活的还是我们原来这批人。这阶段我感觉我在扮演大内太监的角色，这让我很不爽，但也仅此而已。因为工资涨了好多，每月工资已经有 7 000 元了，还有季度奖金，加上 2007 年我跟着好多老头老太冲进了股市，再加上拼命地干私活，两年下来到年底的时候竟然存了 40 多万。

工作也越来越得心应手，拿地、策划、委托设计、开会汇报、报规报建、配合施工，这些事情好像机械一样地重复着。我开始越来越少加班了，因为我有小弟了。我开始把越来越多的事情交给别人去干而不是挽起袖子自己干了。这时我开始理解我刚工作时领导为什么要手把手教我干这干那了。也许他干一件事只要一小时，教会我要十个小时，但以后他就不用再花时间在这件事上了。还有刚毕业的时候总以为自己很牛 B，只有自己干才是最好的。做的时间越久越发现，社会上牛人多的是，而且人家是几年、几十年都干这个，设计我不是大师，施工图我画不过设计院的，砌砖我比不过瓦工。我要做的，只是发现这些资源并用最小的成本整合起来，这才是我的价值。以前我一直因自己的学历和学校引以为傲，鄙视其他人，到现在真正懂得了尊重。你越尊重别人，别人就越尊重你。

但是有些事情也不可避免了。讲几个我的经历。有次陪政府规划局的人吃饭，我十分讨厌这种饭局，说是吃饭，其实就是拼酒，我不明白这帮孙子除了喝酒还能干嘛，白酒一杯一杯地灌，头涨得像爆了一样，疼了好几天，而且不喝不行，不然第二天他们就在你图纸上挑刺。席间一个公务员讲，他家新砌了个小院，就是有点空。第二天我们就挖了几万块钱的树给他家种上了。这种事情太多了。

公司内部的勾心斗角也多起来了。以前公司刚发展时，内部气氛很好，现在部门越来越多，手续越来越繁杂。我的职位是很尴尬的，职位低，但对什么都要指手画脚，这就很招人恨了，再加上我的领导以前那么强势，现在他升职了也是红人了，别人不敢对他怎么样，但我们这些人有气受了。举个例子，以前那个被砸的工程部经理就拿了一张园林设计图纸要我签字，说是我发给他的，赶紧签完好进苗，我怕耽误了工期就给他签了，结果第二天全种上了老板最不喜欢的竹子。我赶紧问他，他说是你签的啊，我拿过来一看，在图纸里看了半天看见藏在黑底里的小字——×竹。这种斗争一直持续到我从某个供应商那里得知他吃回扣的消息，然后我打电话跟他说："我找到了个更便宜的货源要不要介绍给你啊。"他回答："好啊，不过一直供货的那个质量有保障啊。"这个电话后，我们的关系才保持了微妙的平衡状态。

该讲到我的同学了，这两年也是他转折的两年。他孜孜不倦地陪我们唱歌、喝酒终于结出了硕果。我领导先是给他一个在河北不怎么重要的售楼处设计，让他试手，那小子设计得不错。我觉得设计是讲天赋的，这和音乐、美术是一个道理，有的人天生就能做好东西，平心而论，我的设计能力就一般。后来又陆陆续续给他楼盘做设计，而他不知道又从哪里遇到了几个老板，总之是从设计院跳出来自己单干了。那两年连格力空调都做房地产了，他的活能不多吗？后来我们也就不合租了，但每周都会去工体那儿喝酒。

另一个硕果是，他泡上了我们公司的前台。那前台是朵花啊，我觊觎很久的，被那小子抢占了先机，当然后来他们分手了。总之这小子的一切都是从喝酒、唱歌开始的。

他一直也没买房，但 2007 年他买了辆车，宝马 5 系，他说是业务需要。我心里在估算着这两年这小子赚了多少钱。

同年我和他一起考一注，就是一级注册建筑师。一注对于我们，就好像是狗男女有了结婚证，总之很厉害，而且租出去每年能收 8～10 万。考试一共有 9 门，可以考 8 年，这哥们竟然一次过了，我只过了 7 门。

2008 年：买了第二套房，考出一级注册建筑师证

2008 年实在是跌宕起伏、荡气回肠啊。年初的一场大雪，搞得我差点被困

在北京了。无数人抱着奥运会前中央不会让房价跌的憧憬，结果被赤裸裸的现实迎头棒喝。2008 年初的关键词是“次贷危机”。当时公司的售楼处又迎来一批人，这次他们不排队了，他们脸上洋溢着被欺骗的愤怒，他们是来退房的，顺带手把售楼处给砸了。2008 年上半年大家都恐慌了，公司上层谁也没经历过这样的事，随着各个地产龙头的降价打折，整个公司都开始降价销售了。

对于我来讲，最明显的感受是，年初我去深圳出差时，在华侨城办事，晚上一看行政给我订的是威尼斯人皇冠假日酒店，而以前我都是住洲际的，就打电话问，给我的回答是，公司账目有点紧。后来连皇冠也住不起了，只能住快捷假日。

年初领导又请我吃饭，然后宣布他被调回总部做公司副总，就要离开北京了。他问我去不去，我说不去(因为这时候我苦命坑爹地找到了女朋友，我已经空窗 3 年多了，久旱逢甘霖，打死也要留北京)。他走了，我们的研发部经理又是个闲人，于是我们就成了没头的孩子。再加上楼市不景气，年初我基本上是很闲的，除了每天对着跌停的股票长吁短叹。

但找到女朋友，让我有了向上的心思。首先是要把一级注册建筑师证考了，今年这个证已经涨到八九万一年了。为什么这么值钱？我给行业外的人解释下。设计院要干活，是要有资质的，资质的其中一项就是院里有多少个一级注册建筑师，有资质你才有资格出施工图，拿去给人施工，相当于营业许可。现在设计院遍地开花，但一级注册建筑师又没那么多，僧多粥少，于是小的设计院就想出了租这个证，我每年给你 9 万块钱，你名义上是在我这里工作，实际上你爱干嘛干嘛。考一注是一件很费体力的事情，有设计作图题，自己背一个画板，吭哧吭哧一画就是大半天。考试的时候还能碰上好多许久不见的师兄、师弟、同学，大家就聊：“你在哪里高就啊？”“你考了多少年啦？”然后互留电话，也是很好玩的。

所幸的是，今年我把剩下的两门都考过了。领证的时候，在门口就被一个设计院的人堵住了，他说他在西北开一家设计所，想租我的证，9 万一年，租两年。我说好吧，第二天他就给我账上打了 18 万，我把证给他了。后来跟我同学讲，他就怒了，说我干嘛不给他，他再凑几个证就可以不挂靠自己开设计院了。我说得了吧，你上哪儿弄去。

考完证之后很空虚，就是那种一开始绷得紧紧的，后来猛然放松的感觉。再加上楼市、股市也一直是半死不活着。这段时间我和女友打得火热，老租房不是个事，我们寻思着就买套房吧（我的第一套房租出去了，8 000 元一个月，足够还贷款，还有盈余）。那段时间市场非常差，房子基本上是随便挑。当时我们想买套大点的，就不在市里看，主要看望京的楼，而且我手里已经有些钱了，再加上一注的钱，一次性就全花出去了。后来这里的房价涨到了三四万，又是我始料未及的，可以说是狗屎运。

买完房压力就大了，我迫切需要一个月薪多一点的工作来还房贷。而且这里没领导罩着了，好多事情不好做。正好这时候有猎头找我，推荐我去做另外一家小地产公司的设计经理。当时我歇得百无聊赖，突然很怀念当年刚进公司的时候几个人天天熬夜加班，共同奋斗的日子。后来就答应去看看。他们给的薪水也合适，一个月是 1 万 2 千元，加奖金和 3 000 元津贴。月工资刚够我还房贷，月津贴用来支付平时生活费，奖金用来买点金融产品，但进去的时候职位还是职员，因为我工作年限太短了。

办完离职手续的时候，已经差不多是年底了。我领导回北京这边开会，叫我一起吃饭，还叫上了我同学。这时候我同学已经成为这个公司的御用设计师了，同时我们见面的机会也越来越少了。当时是在后海那边吃的，我领导在荷花市场和恭王府中间盘了个四合院，开了家私人会所式的餐馆，吃的话无非就是鱼翅、鲍鱼这些。领导来的时候开了辆保时捷卡宴，还挽了个娇脆欲滴的小姑娘，后来介绍的时候说是南锣鼓巷某表演学院的学生。我同学带着我们公司的前台也款款地来了，还有苦逼的我，孤零零地在瑟瑟的寒风中等他们几个。开始气氛有点冷，毕竟大家好久没见了，喝了几杯酒之后，才渐渐活跃起来。酒席上的主题永远就这么几个，拼酒、吹牛逼、忆苦、讲兄弟情。中国人是一个特别喜欢吹牛逼的民族，不管混得多么成功的人，也有强烈的炫耀的欲望。我们领导从他的高中开始吹牛，就是如何如何聪明，如何如何万人迷，高考在学校数一数二之类，我就拍着他讲，我高考成绩秒杀他几条街，在省里也是排上号的，还不是照样在他手里装了四年孙子。他说你是没赶上好时候，我说不，我是真心服你，论做事做人，你甩我几条街。后来我同学和他女朋友先回去了，他也把他的小姑娘支走了，我们又去了朝阳公园旁的一个高级会所健身。

现在回想起来，我说真心服他是真的。我发现不管机遇怎样，成功的人都有共同的特点——他们勤奋且坚忍不拔，目的性强，善于学习，从不抱怨规则的不公平，而是善于从不公平的规则中找到有利于自己的漏洞。他们对于成功的渴望好像饿狼对于肉食的觊觎，他们随时肌肉绷紧、永不懈怠，时机一旦成熟，一口就把肉吞下去。

2009年：跳槽到小地产公司做设计经理的工作经历

2008年一整年不分场合地点的“北京欢迎你”还余音绕梁，cctv新楼的一把大火就把我带到了2009年。那天是元宵节，我跑去帮租房的人交物业费，在楼道里亲眼目睹了这一盛况，那家伙，当时正是锣鼓喧天，鞭炮齐鸣，好像一把火炬，浓烟蔽天，不见月亮。后来这个楼下面被红的10米多高的铁板挡起来了，再后来这个板上喷了争做文明朝阳人的宣传画。后来同样在东三环，cctv楼往南的写字楼——乐成中心也着火了，这一次是在白天，同样的浓烟蔽日，我同样有幸见证了。2009年就与火结下了不解之缘。

中央在2008年年底投入的4万亿已经初见成效，楼市先是试探性地冒冒头，接着就开始了报复性的暴涨。绝对是报复性的，当年跌多狠，现在就涨多狠。这一轮的涨价中，有个明显的特点：郊区领涨。当时通州有楼盘已经涨到3万多了，打的广告是：30分钟直达CBD。你妹，三环30分钟步行到CBD（中央商务区）的楼盘也才3万多。这一年出了很多地王，开发商抢地到了白热化的地步，政府赚得满盆体钵。这次的补涨给社会传达了一个很不好的信息，就是：房价是不会跌的。再加上2008年股市的崩盘，大量的资金都涌到了地产业。这已经变成了一场疯狂的饕餮盛宴，也意味着整个社会都在房地产及相关产业豪赌，实体经济会遭受毁灭性的打击，这些在以后会慢慢显露出来。2008年股市6 000点的时候，我们楼下的扫地大妈都赶着买股票；2009年的时候，人们见面必谈房市。

2009年对我来说，在个人财务状况上也出现了质的转变。我现在月薪12 000元，正好用来还银行的贷款，3 000元月补助用来应付我和女朋友的花销（女朋友自己也挣钱，我们月消费在5 000元左右），这样我每月有8 000元的房租盈余。我不用再战战兢兢地担心哪个月还不上银行的房贷了。于是我在手机上装了个记账的软件，记录每笔花销、投资（以前我不敢记，因为经常赤字，完全没有成就感）。我在工行开了个买黄金的账号，对股票没有信心，楼市我看着都胆寒，也没实力炒，黄金还是保险的。我每个月会花6 000元买黄金，2 000元存成定存，这个习惯一直保留到现在，不要小看这些钱，积少成多，现在也成了一笔不小的资金量。

工作上也顺风顺水。刚去新公司，觉得精神状态为之一振。虽说我招进去时是职员，但是部门经理的职位一直是空着的，然后公司又招了两个建筑师，但是都是刚毕业的。我花了一个月熟悉了新公司的流程后，就开始展开自己的工作了。我还是习惯性地每天早上梳理今天的计划，晚上下班消项；我还是不停地提醒自己，要么不答应，要答应就做，要做就做好；另外，虽然我设计能力一般般，但这几年东走西看，肚子里也存了点货，再加上楼市大好，公司又舍得花钱在设计和材料上了，总之是大展拳脚的时候。

我甚至学会了前领导的砸工地事件，不过采取了更稳妥的方式。在工程初期的时候，做了大量的样板，我跑去工地，把不按设计做的、我没确认过的，一一拍照片记录下来。然后中午我去找大领导，说："工地做了样板，您什么时候有空去指教指教?"他就答应了。然后我写邮件给工程部经理，说大领导要去看工地，但我发现还有些瑕疵，又把拍的照片发给他。他吓得下午就和我去了工地，把施工方臭骂了一顿，然后我又一一把不好的指出来，工程部经理自己就说了，"你们砸了重来吧，以后什么事要和研发部多沟通。"在工作中，所有人都是打工的，谁给他发钱，他就听谁的。大老板给工程经理发钱，所以大老板的事情他就特别重视；工程经理又给施工队批钱，所以施工队听他的。后来大老板去看完，夸工程经理管得好，他就很感激我提醒他，以后大家相处就容易多了。而我又达到了控制项目质量和效果的目的。这就是前领导教会我的，凡事不要蛮干，要利用其他人的能力和资源。

很快，我就升了部门经理，月薪涨到了14 000元，每月4 000元的补助。

我觉得这是我应得的，因为我一直在很尽力地保证项目的质量和效果，同时还兼顾着成本。我甚至比成本部还清楚每项分包，每种材料的价格。这得益于我砸工地之后对施工方产生了良好的控制。

这时候我同学的事业也蒸蒸日上了，除了原公司的项目，他又发展了4、5家地产公司，都是刚起步不久的那种，但设计费不菲。他招了4个人，再找他喝酒的时候，他批着Burberry的围巾和风衣，穿着Hermes的衬衣，拿着LV的公文包，香水味呛得我想咳嗽。我说："装吧你，谁不知道当年你在宿舍扣着脚打游戏的熊样。"他说："没办法啊，有几个客户是富婆。"我说："真的假的啊？"喝醉了我们才会放声大笑。

我常在网页新闻上看见我前领导和原公司的消息，我们偶尔会发个短信聊聊。2009年底发奖金了，我拿了19万，这是最多的一次，我和女朋友去了法国，我给她买了一个卡地亚的戒指，花了7 000欧元。我隐隐觉得，有些事情变了。

2010年：平淡的一年，没有了激情

2010年相对比较平淡，我现在回想起来，居然想不起这一年我到底干了什么，也想不出2010年有什么标志性的事件，纠结。我突然想起我高中很痴迷的光荣三国志，刚开始只有一个城、几个人，所以每录用一个人，每攻下几个城都要兴奋半天，打到后来就是机械化地攻城掠地，等着看统一后的结局，反倒提不起什么兴趣了。我已经工作6年了，我突然想到了我的前领导，他大我5岁，4年前他已经是一个大公司的北方集团总裁了。我明年能升职吗？应该没戏，我应该还是个苦逼的研发部经理。或者像我那个同学一样，自己一个人在外面打拼，虽然辛苦，但挣多挣少全是自己的，但是我还有勇气跳出去吗？我没有了，失去了稳定的工作，我就要很吃力地还房贷，我就要告别好不容易得来的安逸的生活。人生就是这样，在刚毕业租房、挤公车的日子里，我有舍得一切重来的勇气，因为我除了激情啥也没有；等到什么都有的时候，我的激情却没了。

我突然发现我老了，最明显的事实是：每个星期我都会回母校打篮球，六年如一日，从开始的时候急、停、跳、投到现在弓着背用体重吭哧吭哧地往里扛，偶尔想跳一下，膝盖就会一阵酸痛。以前在同学群里振臂一呼，至少能组个队去打球，现在我形单影只地走到一帮小孩子身边，舔着脸说："同学，加一个吧。"

同学聚会的主题从聊设计、聊月薪、聊前途，变成了聊结婚、聊小孩、聊政策。从以前的600块钱一桌还要AA的家常菜馆，变成了6 000块钱一桌还是大家抢着埋单的高级餐厅。记得毕业那会大家不是喝二锅头就是喝燕京，又哭又吐稀里哗啦的，现在彬彬有礼地用嘴唇沾点红酒。我突然有一种想骂人的冲动，当装逼成为一种社会性行为的时候，我也被卷进并淹没，亢奋着并痛苦着。我居然怀念起和规划局的人一起吃饭的日子，至少我们灌的是茅台、五粮液，每口都是货真价实的人民币，吐出来，在中国一口多少钱，在国外一口也是那么多钱；而这里2 000块钱一支的所谓的波尔多，在法国的酒屋里不会超过30欧元。

我那个曾经的室友迷上了打高尔夫，他的理由是球友有10%的机会会发展成客户。他带我去打了两次，试图把我发展成会员。但我不明白这种不流汗的所谓的运动有什么令人着迷的地方，难道用这么细一根棒把这么小一个球打到这么紧一个洞里，就会有一种男性征服的原始快感？我问他这个问题时，他笑了，很知趣地找了两个小妹一起吃饭，于是在这家球会的度假酒店客房里，我流着汗打完了第19洞。然后我明白了，在他的这些球友里，10%被他发展成了客户，还有10%把他发展成了客户。

我买车了，买车的好处是去饭局有借口不喝酒，感谢中央严惩酒驾，感谢高晓松；买车的坏处是我在路上的时间又多了一倍，并且我没有名正言顺的理由不加班了。这段时间我迷上了看电影，我和我女朋友在蓝色港湾的影城办了张会员卡，下班早就会去看一场，只要时间合适，多烂的片子都看。看电影可以坐着不动，可以连脑子都不动，我觉得我快要退化到猪的状态了。

讲工作吧，公司给我招了个应届毕业生。我终于看见了当年的我，胸有豪情万丈志，手无点滴半寸兵。于是我就用以前老大带我的方式来带他。有次我带他去考察一个楼盘，到那里我就问，"觉得怎么样？"他滔滔不绝地讲出了这里不好、那里不好，搬出了一大堆学院的理论。我听他讲完了，就问："那有什么好的吗？"他愣了半天，讲不出来。我说："那这次参观就没有意义啦，什么都不值得学。但我觉得有些节点做得很好啊，我想找图纸来看看具体是怎么弄的。”

这时我想到我刚工作那会儿，一样的情景，我当时也是一样的回答，把项目批得体无完肤，想显示自己水平有多高。领导很生气地打断我，说了让我一辈子都难忘的话：“我不要听你讲哪里做得不好，我要听你讲学到了什么。再烂的东西都有它的优点，你今天学一点，明天学一点，才会有提高。要不然除了骂社会，你什么都不会，一辈子白活。看别人要看到优点，看自己要看到缺点，懂不懂?”老祖宗讲过这么两句话，我觉得很深刻：一句叫“静坐常思己过，闲谈莫论人非”；还有一句叫“露巧不如藏拙”。

但转念一想，我这么刻意地模仿我那个领导的行为，却永远没达到他的高度，本身就是个悲剧；而我还在这里说教，不是装逼？我的2010年就在这种悲剧、装逼的氛围中度过了。

2011年：房地产调控，年代越近，记忆越模糊

终于说到今年了，我发现年代越近，记忆却越模糊，再次感叹自己老了，或者又在刻意忘记些什么。不过有始有终，我还是要写完。上半年楼市遇到了前所未有的阻击，限购几乎打击了所有的京城地产商。但有了2008年的经验，地产业内的共识是，只要保证资金流不断，必然会等到云开雾散的一天。再加上2009、2010年屯了充足的资金，房价没有松动，但成交量少得可怜。就这样坐吃山空，钱总有花完的一天，到下半年的时候，资金问题开始暴露了。

到后来，公司的付款都出现问题了。好在年初公司有钱的时候我催着把设计费都付了，要不然到了下半年的时候估计连钱都发不出去了。做管理的，一定要善待自己下游的合作伙伴。最好是一个项目下来，大家能做很好的朋友，朋友永远不会嫌多，即使是酒肉朋友，朋友多了，路就多了。下半年发生了一些变故，就不多说了。

感悟总结：关于机会与选择、青春和大学

写在最后，都是我自己的看法，大家姑且看之：

1. 关于机会和选择

平日，看到别人的成就，我一定会感慨："为什么他的机会这么好？为什么我就赶不上，如果我生于他那个时代，我将怎样怎样。但我没有，所以我什么也做不了。"长此以往，我就看见一个个机会从我身边溜走，然后再一次次地发出这样的感慨。那么，我会永远在蹉跎叹息中度过，碌碌无为。

终于我发现，这种感慨不过是出于嫉妒和懦弱的情感，为自己的懒惰找一个冠冕堂皇的借口。如果我当年不是每天回去打魔兽，不是每天上班先要打开电脑泡会儿论坛，而是把这些时间花在自我提高上，那我就能抓住那次房价大涨的扩张期，做到更高的职位，拿到更好的薪水。于是，机会溜走了。人生路上总有很多的岔口，当时选哪一条路往往很偶然。既然选择了一条路的时候，另一条就关上了大门，那我们何必停下来去感慨如果当初选了另一条会怎样怎样，自增烦恼，还不如勇往直前往前闯。

用俗得不能再俗的挖井理论来说，永远有人在挖，有人挖出水了，他是winer；有人没挖出来，他是loser。因为他挖的地方比我好；因为他挖的比我早；因为他的铲子比我好；因为他从小学的是挖井，而我一开时学的是切烟囱。管他呢，只要地下有水，早晚有一天我能挖到。winer和loser只有一个区别，winer挖到了最后，loser放弃了。临渊慕鱼，不如退而结网。

2. 关于青春和大学

鉴于看到我这篇文章的读者都是在校大学生和即将进入大学的，我再唠叨两句。青春一去不再来，越来越懂得这句话。18～28岁是黄金十年，无论智力还是体力都达到了巅峰。这时候有不顾一切的拼劲，也不惧怕失败，因为还年轻，随时可以推倒重来。在这几年积累的东西，会影响你一辈子。所以千万不要恣意挥霍这几年，等到发现青春不再的时候，空悲切。比如我，现在回想起来，这十年里唯一的亮色，只有高考。高中贪玩，成绩也一直是大起大落，直到高三急了，开始恶补。早上6点起床，晚上12点睡觉，买历年东城卷、西城卷、黄冈卷，除了吃饭就是做题。其实这么多年，好多题都是大同小异，后来做到看到题就想到最后一步公式的境界。而且每次做完对答案都正确，居然有了成就感，也就没以前那么厌恶做题了。终于高考成绩不错，语文还破天荒地考了144分，进了不错的大学。

到了大学，整个人就松懈了。泡马子、打篮球、玩暗黑、逃课，设计作业都是在要交图之前赶出来的。成绩越差，越没心思学。人就是这样，不是说成绩有多么重要，但是优秀是一种习惯，懒惰也是一种惯性。人和人的差别就是因为每天的积累差了一点点，终于有天你发现，原来我和他差了这么多。如果离成功只有一步之遥，那谁都会咬牙坚持下来；如果忽然发现距离很远，那谁都会放弃。而关键的一咬牙，上了一个层次，有人就会春风得意，越活越成功；有人没上去，永远在苦逼中挣扎求生存。然后想，原来在当时，我们俩的距离才那么近。

大学毕业，我们系三分之一的人出国；三分之一推研；剩下最差的三分之一，进入社会找工作。我就是那最差的三分之一。有人说我现在也不错啊，而且随着普通劳动者的工资越来越高，读书无用论的说法也越来越甚。我觉得首先这是对以前大学生高高在上的一种不正常风气的反弹，那时大学生稀缺，身价虚高，仿佛读了大学就高人一等，毫不费力地拿高工资，凭什么？同样付出劳动，同样创造价值，就应该得到合理的收获。终于人们发现不是所有的大学生就一定比农民工干得好，又时不时抛出名校研究生卖猪肉之类的新闻，让长期被压抑的神经在嘲笑中得到释放。

依我看，在这种浮躁的社会风气中要保持冷静。大学的意义在于它给你打开了一片天，让你看得更远，让你知道原来在这个山头之外还有另一个更高的山头。这并不意味着你已经到达了那个山头，但你有了往上爬的方向，同时他给你聚集了一帮志同道合、以后可以互相扶持的社会单元。所以完全不必短视和急功近利，人生那么长，炫耀是做过给别人看的，本事是自己的，好像跑马拉松，一时谁跑得快慢不重要，关键是谁跑到了最后。

网友评论

应届生论坛 ID： http://bbs.yingjiesheng.com	评论内容
皇马	看楼主文章受教了，刚毕业的我在家乡县城某银行工作，家里有房，原来觉得日子还不错，不过看了文章发现自己真渺小，难道就这样过一辈子吗？
妮子 DH	第一次很认真地看完一篇经验，谢谢楼主将自己这几年的经历慷慨地分享给大家，虽然没有经历一些事，但通过阅读楼主这几年生活、工作的缩影，还是学到了很多东西。很多事情就是缺乏一种意识，等到事后才会清醒，看别人的经历，就是要产生一种先知先觉的意识，但有意识还不够，要去做，要不然这种先知先觉的意识又会变成后知后觉的意识，最后还是在感叹自己失去的机会。所以希望每个人都能找到自己可以为之奋斗一生的目标，然后带着勇气、自信、激情和计划去实现它，等到老时，就可以为自己当初的选择无怨无悔，心无遗憾地闭起双眼离开这个世界！再一次谢谢楼主！
jinjin1886	真的很有感触，想想自己现在的样子，真是活该！毕业四年了一直没有方向，在去年 10 月份的时候，找了一个自己喜欢的专业，毅然辞职准备考研。三个月的准备时间是少了些，确实也准备得不是很充分，但仍然想拼一下。上午考完政治，下午考英语的时候，悲剧发生了，我一直记着考试时间是 2 点半，所以中午休息的时候在学校附近找了一个公园看书，过了 2 点才不紧不慢地向学校走去。到了学校，发现操场上空无一人，心慌到了极点，赶紧找门卫，说我要参加研究生考试，结果门卫说，考试时间已超过 15 分钟，不能进考场。我看了下学校大屏幕的时间是 14:16，就苦苦求门卫，说就差一分钟，希望通融下，结果门卫始终不肯，后来只能失魂落魄地离开，其实也不怪他们，他们只是照章办事。回来一路上想了很多，生活就是这样，你怎么对它，它就怎么对你！
风华是一指流沙	楼主的文章够现实、够实在，我这个准毕业生受教了。谢谢楼主的教导，想要优秀不是那么容易的，勤勉是必不可少的。希望我能抓住机会过自己想要的生活吧。还有几年时间可以拼搏，虽然不知道能做什么，但是还是想在工作上真正努力一番。
denglinlinlei	连看了两遍啊，马上要毕业了，从学生到社会人的转变让人恐慌啊。看了这个真是受益良多，楼主要加油，还年轻呢，虽然自己没有什么经验，但是我一直坚信“如果你想改变现在的生活状况，那么一直努力，总会有一天可以改变的”。

第六楼

财经院校女硕士最精心、最真实、最细致的求职旅程

作者（应届生论坛http：//bbs. yingjiesheng. com ID）：tangtiantiti

六楼 tangtiantiti：女，南方某985高校企业管理专业硕士，211财经院校人力资源管理专业学士——六家公司offer全部收入囊中，包括新加坡印咨询(实习转正)、华为、远东租赁、南方航空、宝洁、建行，最终选择南航

感言：如果你自己知道终点在哪儿，世界都会为你让路！

我的背景及Offer汇总

女，南方某985高校企业管理专业硕士，211财经院校人力资源管理学士，参加过一点学术比赛，组织过一些学生活动，当过小喽啰收获实习经验，我就是这样一个人。也许我们的教育背景有所差别，能力强弱不尽相同，兴趣爱好大相径庭，你可以说我的这些经历只属于我个人，但我期待的是把我记录和分析的每一个细节与你分享，期待你会有收获。

从9月6日做第一次网申，到12月23日最后一场面试，我走过了4个月的求职路。先汇报一下战果，由于来学校做校园宣讲和招聘的企业并不多，加上我根据自己的要求进行了筛选，我一共参加了6次完整的招聘流程，值得庆幸的是每一次我都走到了最后，拿到了6个offer，包括新加坡印咨询(实习转正)、华为、远东租赁、南方航空、宝洁和建行。得知应届生论坛(http://bbs.yingjiesheng.com)举办了这次求职征文比赛，在同学的鼓励下，我把之前自己写好的内容进行了整理，分为了以下三个部分：

《打好求职旅行包》：在这一部分，我将从硬件配置和软件建设两方面给出我的准备建议，这些准备包括我当时完成、后续追加的以及他人的优秀经验等。

《求职旅程收获多》：这部分的内容大概有3万字，是我在每次面试后第一时间做的整理。因为从一开始，我就告诉自己这一次我在找的就是一份经历，而不仅仅是一份工作。所以在整个面试过程中，我一边经历，一边写下了这些旅程心得，它包含的不仅仅是面试的技巧，更多的是我对各个行业的见闻、体会和感触，涉及许多细节，希望对您有所帮助。

《我的未来在哪一站》:众多的机遇终归都要走向唯一的抉择,我们所有人都一样,在这里我将讲述我选择的过程:理性思考,感性抉择!

打好求职旅行包:软件建设篇

从找工作开始,我和大部分同学一样,一边找工作一边做准备,现在回头看看,有些东西确实在启程时就该做好准备,这样我们的旅程会更顺利,更精彩。这个求职旅行包里应该装好两大类物品即软件建设和硬件配置,软件建设主要包括:

1. 简历

这是一个永远说不完的话题,包括我自己到现在也对自己的简历不够满意。

我自己有一份中文和一份英文简历,并没有针对行业做不同的设计,只是保持在求职过程中不断改进。有一些基本的要求,我认为是可以共享的:

- 一页之内,最小字体不小于小五号。
- 保证清晰无错误,尤其是联系方式、个人获奖情况。
- 个人经验用具体数据描述,避免出现“许多”、“非常”、“特别”这样的让人充满想象的词语。

求职期间,我建议各位随时、随身携带 5 份中文和 5 份英文简历,以备不时之需,因为我们都不知道面试我们的面试官具体有几位。去打印时,建议各位准备 word(发现错误可以修改)和 pdf(避免更换电脑带来的格式变化)两个版本。另外,有些公司会要求携带他们网申的简历。

2. 自我介绍

这是另外一个永远说不完的话题,我个人认为好的自我介绍需要做到两点:

第一,介绍出自己的特征。

第二,引导面试官阅读简历,大多数面试官在见到你以前几乎都未读过你的简历。

这个方面大家可以通过室友之间互相提出建议、在群面中吸取他人长处等方式进行完善。我并不大推荐特别有进攻性或出位的自我介绍，大多数普通人似乎无法驾驭，有一种投机面试官喜好的风险。

3. 把简历变成故事

回顾每一个经历，形成相应的可以说给别人听的故事，清楚明了是基本要求，引人入胜是最高目标。

我是在准备面试宝洁期间，把自己的经历用 word 文档一个字一个字地码出来了，虽然花了一些时间，但是这是一劳永逸的工作，要知道你所有的单面都用得上，而且越早准备，完善的可能性越高，胜算也就越大。

4. 招聘信息

学校就业指导中心（校园宣讲会）、求职网站和论坛（网申，我一直用的是应届生求职网http://www.yingjiesheng.com）、学校论坛（求职进展）、个别企业的网站（个人意愿非常强烈）——这些信息的冲击力已经足够大了，各位不要再给自己徒增信息量，谁累谁知道。

5. 资料整理

这个绝对是我本次求职过程中最大的一个收获，也是从应届生论坛的一个神贴上获得的启发，建立了这样的框架：

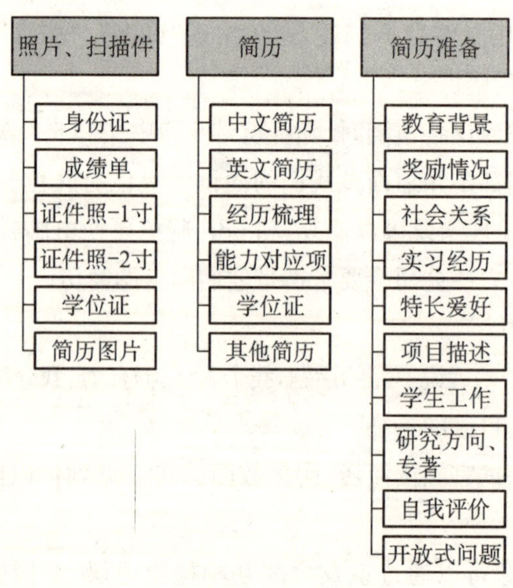

我按照这张图里的脉络梳理、完善和增补了自己的资料，尤其是在简历准备部分，我将它分为一个个 txt 文本，在做网申时可以直接使用，提高效率。

6. 求职进程更新

下面是我自己设计的一个 excel 表格，最初是因为做过的网申太多，我自己也糊里糊涂的，于是就想着做这样一个表格。

序号	公司名称	岗位	网申(截止时间)	笔试	一面	二面	终面	状态	备注
1	宝洁	PS	√(10.9)	√	√(单)	√(单)	无	结束	Offer 已拒
2	华为	HR	√(9.26)	√	√(群)	√(单)	√(单)	结束	Offer 已拒
3	湖北建行	风险内控	√	√	√(双)	√(群)	√(单)	结束	Offer 已拒
4	三一重工	HR	√	√	×	×	×	结束	
5	广本	HR	√	√	×	×	×	结束	
6	广东移动	HR	√	√	×	×	×	结束	

每次有新的进展我就会把表格更新一下，让自己心里有数。

打好求职旅行包：硬件配置篇

以下是我的个人经验，主要针对女生，因为我是女生嘛，呵呵。

1. 衣着

一套黑色正装是必不可少的，尤其是在面对咨询、银行、四大会计师事务所等(客户导向型)企业时更是利器。正装在市面上品种各异，价位不等，如何选择是个问题。在外观上，我认为合体是最重要的，我见过许多同学的正装过于肥大，显得有些邋遢，从这个角度上说，很多城市都有的正装裁缝是不错的选择；从性价比上来看，如果各位需要采购一套全新的，女生我会推荐 G2000，我自己是在春夏换季打折时购买的，上衣、长裤加裙子一共 750

元左右，可以接受；对于男生，我没有经验，就不胡乱推荐了。当然黑色正装配上一件洗得不能再白的衬衫(尤其是衣领)，会在面试细节上为自己争取一个好印象。

同时结合我自己活跃的特点和快消、公关、IT 等(创意导向型)企业，一些兼具职业与时尚风格的服装会给人留下更好的印象，因此我在面试过程中为自己添置了一件千鸟格小西装，当然我看到的最简单的办法，就是把上述的白色衬衫换成暗红色、紫色等。

2. 鞋、包

一双深色皮鞋是男女的通用标准。

首先就是要合脚，谁都不希望自己歪歪斜斜地走到面试官面前；外观方面，合理的跟高是 3～5 公分，在不太累的情况下显得人高挑。我是一直穿着 4 公分左右的高跟鞋战斗的，也看到很多女生穿着休闲鞋，到面试地点附近再换上包包里的高跟鞋，不失为良策。

对于包包，有一个很关键的要求就是 A4 的纸放进去不会有褶皱，这个很重要。当然如果你需要装上鞋子，那它就需要更大。至于男生的包，我见过有同学使用电脑包、较为精致的文件袋、单肩包，都 OK 的。

3. 化妆

我个人认为女生面试时还是需要一定的妆容的，一来礼貌，二来美貌。除原有的基础护肤品之外，我个人还添置了隔离霜、妆前乳、眼线笔、睫毛膏、高光、腮红和唇彩，品牌神马的我就不做推荐了，按个人情况匹配。需要说明的是适当的练习是必要的，建议各位可以从暑假开始尝试，精致自己的生活态度。

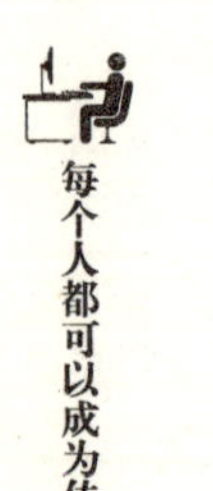

求职旅程收获多：华为 HR 岗位篇

我将用心、用笔仔细记下求职的过程，我希望它像一趟旅程，会经历困难，会遇到挫折，会收获友谊，会体验独行；有紧张、有焦躁、有不安、有欣喜、有自如，最终会到达那个终点。我想说的是，如果你自己知道终点在哪儿，世界都会为你让路！一段经历丰富的生活，一段不一样的旅途，启程吧！

求职旅程的第一站——华为，整个战线拉得很长：早上7:40离开宿舍，下午17:00左右返回，一共经历了三轮面试和一轮机试。虽然身心俱疲，但仍想在第一时间写下面经，分享经历，总结自己。

我应聘的岗位是HR，今天的大体流程是：

➢ 9:00～10:20，小组面试；

➢ 13:40～14:30，第一轮单面；

➢ 14:50～15:20，第二轮单面；

➢ 15:30～16:00，机试。

■ **关于小组面试**

前一天晚饭时分收到华为第二天上午的面试通知，联系了去年校招进去的一个师姐，同时读了另外一个师兄的人力岗面经，第一轮会是单面（所有人都是这样以为的）。

8:30签到完毕，在等待了大概半小时后，我们有八个面试HR岗位的应届生由等候区被引领到会议室，我当时一看那个座位分布：三个面试官坐一边，八张椅子和两个白板放在对面，彻彻底底的小组面试布局！一瞬间有点慌了神，但是我hold住了。小组面试的流程为：

（1）自我介绍。坐定以后我们按照面试官的要求制作了铭牌，并做了简单的自我介绍。我今天的自我介绍做得不大好，虽然第一个做确实有些压力，但是过于拘泥于自己之前准备的文案，而不是按照面试官的要求介绍自己的优点、缺点，导致我在最后一点点还没有完成的时候就被打断了。接下来大家按照自主的顺序依次介绍，过程中，我对每个人的情况做了一些记录，一方面可以让我更快地记下这些伙伴，另一方面对后面的配合和点评都是有帮助的。

（2）小笔试。面试官让我们每人取一张纸，写上自己的名字，然后他读了五道题目，分别是“什么是责任”、“什么是HR的责任”、“HR的压力来自于哪里”、“如何缓解这些压力”、“招聘的困难应如何解决”，给我们十分钟时间，写好交上去。由于时间非常有限，每道题我大概就写了两三句话，踩到我自己认为的要点。

我个人觉得这一块主要考察应聘者对人力资源管理的总体认识，作为人力资源专业的学生，我想最好的回答应该在保证逻辑比较清晰的情况下，体现一定程度的专业性——这次显然回答得不够。

(3) 辩论：四人一组，辩题是"人为什么活着"，给出五个因素，写在白板上。

首先是10分钟的讨论时间，我提议让大家先自己想1分钟，然后各自说自己的观点，也就是极短版的头脑风暴。这个过程我们小组做到了各抒己见、互相尊重、氛围融洽，在规定时间内整合出了物质、精神、本能三个方面的五个因素。

接下来面试官要求两组各推荐一个组长阐述观点，可能是由于我第一个说了话，加上组里有一个班上的同学，对我比较了解，所以我被推举成了组长——在表达观点方面，我自然是不怕的，也说得比较清楚(but 语速太快了)。另一组在阐述因素的时候选取的是以人生阶段为主要逻辑，老实说，他们的逻辑是比我们清晰的，只是在呈现方式、表达方式上有漏洞。说完各自观点后，面试官让两组组员做了简单补充，主要是为了引导说话少的组员发言。

进入辩论阶段，双方轮流发言，回答对方问题并提问，大家很和谐地每次都等待对方说完再发言，我们小组抓住了对方呈现方式的漏洞，而对方则更多关注我们体系的一些概念。接下来就是最难为人的强制排序了，让队长进行排序，并说明排名最后的人可能无法进入下一轮。我排列的顺序是同班H同学→行管男→行管女→我自己，阐述中我以团队领导必须为结果负责为理由解释了把自己排在最后的原因。显然，面试官对我的这种排序不是很认同，她以人力资源管理者给包括自己在内的员工评价绩效为例，质疑我缺乏HR的专业精神和知识，那一瞬间我心虚了，我深深地认同她是对的。接下来对方队长、每队成员都要求对组内成员进行排序，以及根据对方的描述，双方队长互评对方组内排序。不知道是人的本性、文化特征还是当时特定的情景因素，大部分人还是将自己排在了最后，其实在我看来，那个HR很想听到大家对自己的真实评价，因为最后HR还说了一句"我们只是想听到大家真实的贡献，我们筛选的结果和你们的排序并没有直接关系”。

群殴的过程总是变态而有趣的，变态的是压力一直都在周围：时间、队友、对方辩友；有趣的是潜力是不断被挖掘的：观点、表达、呈现形式。今天的整个群殴过程中，我觉得有三点是值得注意的：首先是关于做 leader 的问题，这个问题是没有答案的，如果你足够强就做！我个人认为我今天做得不够好，虽然比较清晰地表达了组内观点，但对场面没有 hold 住，后来还因为补充队友发言被面试官制止了——leader 说方向，定框架；team 填内容，述观点！第二是发言顺序。很多时候后发言是有优势的，因为你可以就前面的一个点给出你的独到见解，而不是像先发言的人那样要做全面阐述。第三，是队友排序，我觉得吧，以后我会按照实际贡献，从人力资源管理者的专业评价角度出发给出我的观点！另外，同志们，自信！如果可能，就把自己排在比较靠前的位置！当然，前提是你至少表现得不差。

一面结束后大概 20 分钟就会有工作人员通知一部分同学回去听通知，这就意味着 out。这里必须要说，从小组面试到第一轮单面的等待过程太漫长了，各种饿、各种困。

■ **关于第一轮单面**

本轮遭遇来自面试官的强大压力！该女子，四十左右，气场十足，一看就是工作经验丰富的人，看我们这些应届生就是一个个小崽子（虽然本人一向也以气场著称，此时很识趣地适当降低自己的气压）。

华为的二面是比较专业的，会问到很多的专业知识，比如我的同学们被问到了“如何定义 HRM”、“HRM 有哪些模块”、“绩效管理有哪些方法”、“绩效管理原则”、“薪酬体系包括哪些部分”、“员工流动管理包括哪些部分”、“领导力分为哪些维度”、“影响力分为哪些方面”……我被问到的专业问题是“领导力是什么，它在管理中如何体现”、“影响力怎么定义”。我本来是想通过思路的阐述给自己一些思考的时间，但是显然被这位久经沙场的 HR 看穿了，她果断要求我只说重点和结果。我自然要改变我的回答方式，加速自己的思维，降低语速，使自己的思路更清晰一些。由于看到我的硕士研究方向是知识型员工管理，正好又与华为现状吻合，所以就问了一下我的研究方法和成果，这一块儿是我回答得最烂的一部分，确实跟平时研究不够深入有关系，自己觉得没有底气，自然就乱了阵脚。

在当时的情境下，我觉得继续这样下去我必死无疑，所以我就在回答知识型员工管理的问题的最后，把面试官引向我的项目经验。而后，我的小阴谋得逞了，她让我选择一个我参与最深的项目，画出项目的思路，阐述自己在项目中的价值、遇到的困难及如何解决。华为是一个为通信运营商提供服务的企业，因此它们的项目多为乙方，所以我选择了一个我参与的同为乙方的项目，由于时间比较，近记忆比较深刻，讲述的过程和华为的工作较为相似，获得了 HR 的认可——小小扳回一城！

最后 HR 问了我两个比较感性的问题："到目前为止对你影响很深的事，举个例子"、"面对挫折如何解决，举个例子"。既然到了情感时刻，再强大的中年女子都抵挡不住家庭温暖的攻击，很自然地我在影响很深和面对挫折的事情上选择了家人，我还是比较擅长讲故事的——又小小扳回一城。

最后我是一身冷汗，与面试官握手，等待。

这一轮单面我觉得有几个问题是以后需要注意的：

第一，关注你的面试官。每个人提问的方式和他想听到的回答方式都是不一样的，有些人要思路，有些人要结果，如果你的面试官明确提出他要什么，那么即使答案不够周全和完整，也要给他——这至少说明你重视他的要求，明白他的意思。

第二，关于科研。填写的时候有研究方向和成果等，我个人确实在研究方面没有太多见地，挖掘得也不够深入，底气不足。但是如果当你把它作为简历的一部分写出来，就应该更系统地回顾你的研究思路，明确表达你研究获得的观点，这样才能以不变应万变。

第三，关于专业知识。我们是管理学院出身，自然要比其他的人有更好的功底，有人试图用学习能力强来弥补这个部分，HR 反而会就你在学校的课程学习不也是一种学习能力的体现来反问你，这时候自然就在下风了。所以有时间还是多翻翻专业课的书，换个角度说，我们大概也不会原谅那些不知道元素周期表的化学人和不知道牛顿三大定律的物理人。

第四，关于项目经验。一些经验丰富的 HR 对项目经验是比较关注的，而且多从细节出发，所以大家可以自己在私下系统地回顾一下你参与的项目，包括整体思路、你的贡献、项目难点、如何解决，以及一些更细节的东西（他们真的挖得非常深）。

■ **第二轮单面**

此轮面试我的是一位温柔如水的女子，但是这种 HR 容易笑里藏刀，让你在相对放松的环境下卸掉一些战斗铠甲，各位不可放松警惕，不得不防。

以闲聊开场，家里几个娃，爸妈都在哪儿之类的。顺着这个思路 HR 问了我工作地点选择的问题、户口的问题（华为真的恨不得你全球都爱去，去哪儿都不用公司给你办户口）。

转入简历提问，看到英文水平一栏我选择的是熟练，她就打算和我操练一下，我这心里一慌，准备不足呀！还好她先问了我这个熟练是什么意思，我就想了个小伎俩回答："能够进行基本日常沟通，但是不够流畅，专业英语方面的知识还有些欠缺"，她笑了笑，英语这话茬就算过去了，咻！

问了我关于未来的职业生涯规划。我在这里回答的时候适当地引用了室友 F 同学之前给我提供的一些华为人力资源管理富有特色的内容，获得了 HR 的共鸣，让她觉得我是关注华为的，认可华为的；同时我也承认了自己在职业生涯规划方面眼光还不够长远，需要工作以后继续摸索。由于我在对自己的定位当中使用了"挖掘潜力"这样的关键词，她顺理成章地就问到了"如何挖掘潜力，举个例子！"我想到了以前和珂珂一起训练健美操队，就用了这个例子，HR 说"做得不错"。

第二轮单面就这样结束了，气氛还不错，出去等待。

这一轮面试我觉得需要关注的是：

第一，你要花心思去关注你要去的企业，至少站在 HR 的角度上来说，你的向往和热爱是非常重要的考量因素，当然这种热爱不能仅仅通过直接的"我要去"来表达。

第二，英语很重要！理由不罗嗦。

关于上机性格测试：

题目不太好回答，是相对比较模糊的界定，每组三个句子，一定要选出最符合自己和最不符合的，来来回回，104 道题，其实描述的句子大概只有 15 句。

这一轮我的观点就是做自己就好了，不然到后来真的会迷糊的，前后矛盾会导致不够诚信的后果，这比某个维度的能力差更让人无奈。

求职旅程收获多：远东国际租赁篇

在我的想象中，租赁公司从事的业务通俗点说大概就是别人买东西，找你租船运，but 大错特错！租赁作为一种融资方式可以起到的作用是我所没有想象到的。

远东租赁——中石化下属公司，总部位于上海，公司业务涉及建筑、航运、印刷、教育、能源等，强调“企业、军队、家庭”的组织理念，全国招聘 60 人，进入 50 所目标高校进行宣讲，传说要进行 12 轮选拔，选拔形式几乎覆盖所有测评方法，竞争激烈程度难以想象，整个招聘大体流程是：

- 9：30～11：00，即兴演讲。
- 13：00～14：20，小组面试。
- 15：00～16：30，笔试。
- 16：50～17：10，单面。

■ **关于简历筛选**

必须现场投递简历，网申是可做可不做的。据说当天宣讲时 HR 非常能说，感染力还不错。现场投递简历要写清求职意向——我的简历是 J 姐姐代投的，求职意向也是她帮我写明的“人力资源管理”，专业对口，自己也有兴趣！

当晚收到第二天上午的面试通知，因为没有参加宣讲，所以并不明确他们的筛选标准是什么，但是从那天去参加面试的同学来看，可能有几个基本的要求：

(1) 专业对口。从人力资源管理岗位来看，必须是招聘要求上的专业，其中人力资源管理、行政管理、劳动与社会保障等自然更占优势一些，这点从第一轮即兴演讲的筛选上也能看出来。

(2) 学生干部及成绩。最起码要做过班长，这个也容易，大家想想办法，总是能给自己找点头衔的，而学习成绩还是需要达到前30%左右的。

(3) 岗位区别。远东确实对男女没有太多的差别对待，但是不得不说，考虑到岗位的需求和特征，对于不同的岗位，男女生的要求有一定的差异，这也是可以理解的。

以上只是我根据那天面试时出现的同学的共同特征进行的一点分析，可能并不准确（我的身边很多同学没有进入面试，我也不知道为什么）。

■ **关于即兴演讲**

这是我个人非常喜欢的一个选拔环节，而且远东的规则设置也非常有趣，简单讲解一下：25～30人一组（岗位随机），根据自愿顺序进行演讲，使用电脑随机抽取演讲题目，题目涉及的知识面非常广，包括经济、管理、社会、民生等。为面试者设置等候区和演讲区，演讲时间不超过3分钟。每场以自愿为原则，任命一位应聘者为time keeper，他有权利选择第一个上场或最后一个上场（准备时间均为2分钟）。演讲者上台开始演讲，下一位应聘者上台抽取题目，等候准备时间取决于台上演讲者演讲的时长。另外，最有意思的规则是，一旦应聘者上台开始演讲，而等候区留空时间超过30秒，本场面试立即停止。

我看准时机，第三个上场。本轮抽到的题目是“康菲漏油”，我之前就了解了一些，包括暑假中午看新闻、看报纸以及微博，所以心里还是有底的。前面的同学大概讲了两分钟，我就上场了。开始做了简单的自我介绍“名字+专业+家乡”，加上家乡渤海湾是为了引出我的演讲主题，接下来介绍了一下该事件我了解到的大概时间和最新进展，顺藤摸瓜探讨一下事件的原因，最后为了引起在座各位同学的共鸣引用了一句名人名言（头一天在可口可乐宣讲会上刚看的），提出等到10年后，各位管理、法学、行政、新闻的同学都将是类似事件的参与者、管理者、报道者，相信未来会更好便作为了结尾。

陆陆续续地大家都上台作了演讲，抽到的主题千奇百怪，我这里就不赘述了。而且每年远东的HR都会根据这一年发生的事进行主题库的更新，举不胜举，防不胜防啊。最后HR对这个环节和本场表现进行了总体点评，当场宣布最终我们小组25人进了10个人(凭借的不仅仅是当场的发挥,也包括了岗位和个人情况的匹配性)。

这一轮我觉得有以下几个tips是可以分享的,也是我个人的一点点收获:

第一,日常积累非常重要。演讲主题涉及的知识面不是一两天恶补就可以搞定的,这就要求同学放眼全球关注身边发生的事。而事不关己高高挂起的生活态度,我个人是非常不赞同的,毕竟十年后,也许那个站在漩涡中间的人就是你。

第二,应变能力。我很庆幸那天我抽到的题目是我或多或少了解的,那么如果不了解怎么办?快速联想,转移话题!比如,那天在考场外等候的时候,我听到有人抽到"利比亚",愣了一下,如果我抽到会讲什么呢,这局势咱也不了解啊。突然就想到了前几日微博上热转的"我们的实习都弱爆了",美国某大学大三学生去利比亚参加反对派。这个太有爆点了,又与我们大学生息息相关。和戏剧一样,碰撞就会产生火花。

第三,抗压能力。我该什么时候上去讲?抽到的题目完全不知道怎么办?面对这么多人我能讲好吗?如果前面的同学讲得太短,措手不及怎么办?这么短的时间内,我控制不好进度怎么办?不要急,不要怕!问题一个个来看,上台讲的时间取决于你的个人意愿,从科学上分析,假设大家都对规则充分了解,那么什么时候上去都一样,当然我觉得还是靠前比较好;题目不了解,那就选择一个你了解的可能和该话题相关的点进行切入;众人面前演讲,本来就是个经验积累的问题,适当的语速和停顿至少可以让别人听起来我们不那么紧张;前面同学的演讲时间属于不可控因素,我个人觉得,应该一开始就想好大体框架,这样如果只有30秒时间准备也是来得及的;关于时间控制,是我这次做得不大好的地方,只用了2分钟左右,我想也许每一个框架下说3～5句话,就可以刚刚好把时间用完,下次可以试试看。

第四,表达能力。发音清晰、声音洪亮、语速适中、表意通俗、思路明确,做到这些就足够了!

■ 关于小组面试

当天下午继续进行。10人一组,面试题目是关于公司裁员顺序的问题。

这次小组讨论，是我个人发挥得比较好的一场，清楚地表达了自己的观点，同时也在一定程度上控制了团队进度，失误在于作为 time keeper，计时出现误差。意外收获就是让我明白 time keeper 的作用不仅仅是报时。

由于座位是面对面的两列，所以远离中心的位置让我觉得发言不占优势，所以我就选择做了 time keeper，这样至少在记录时间时，我可以获得发表个人观点的机会。

5 分钟时间阅读案例以后，开始讨论。各种混乱啊，人太多了，你一言我一语，而且声音不足够大都无法吸引他人的注意。

好在有一个男生提出，先确定标准。在大家纷纷表述观点的时候，我没有说话，记录大家的观点，同时拟定了一个框架，在讨论进行到 15 分钟时，我说了一下时间，同时将结合了大家的想法和我个人思路的大框架抛了出来，大家也就认同了，后续大概花了 5 分钟对这个框架进行了修改。

在其中一个观点上，我和小组成员有不同的意见，虽然目标是达成团队一致，但我实在是憋不住，于是以“我个人有一个观点可能和大家不大一致，我想再最后一次陈述一下理由……”说完了，我爽了，但是还是被压下去了，我也认了。

后面的讨论中，我利用 time keeper 的职能通知大家时间，同时在遭遇瓶颈时迫使集体作出最恰当的决策，从这点上来说，让我认识到了这个角色的新作用。

讨论进入到了最后五分钟时，我们推举了一个男生来做总结，本来是在我和他之间选择，但我自己觉得他个人意愿更强烈，而且会比我说得有底气，所以我就推举了他。让他进行了演练，同学们也提出了自己的意见和建议。

总结发言还算顺利，接下来就是群面中最让人无奈的排序，推荐三人、淘汰三人。吸取了上次华为个人英雄主义的乖张表现，此次我选择公正评价；其他同学也说出了自己的想法，我被全额推荐了，内心还是很开心的，觉得这一次不做 leader 感觉也很爽。

最后我们小组 10 人进了 6 个，5 男 1 女，杀出重围的感觉还是很 nice 的。

从这次小组面试来说，有几个地方是可以总结的：

第一，做案例分析，弄明白我是谁？我要做什么？我的标准是什么？按照这个标准将有怎样的结果？个人思路清楚才能保证传递给团队。

第二，如何在团队人数很多的情况下表达自己的观点？首先如果你觉得足够强大（内心和声音），就勇敢地出来做 leader 吧；time keeper 是一个有身份的人，所以也是肯定可以获得机会的；其他的同学，我觉得最好的表现机会就是在团队讨论处于瓶颈时，提出可以做出最合适决策理由的人，打破僵局对于小组面试来说简直就是制胜法宝。

第三，time keeper 该做的不仅仅是时间掌控，记录和总结观点对于我们来说是更重要的，因为这样一方面可以获得团队的智慧结晶，另一方面也可以获得团队成员的认可。

第四，关于人情与规则。这是针对本次案例本身来讲的，我觉得 HR 说得很对，很多决策我们是在保证原则的情况下，通过技术操作来解决的，这句话很值得研究。

■ **关于笔试**

下午 3:30，第一次正式笔试，根据面试进度分批进行。面试知识面比较广，公司情况（文化、业务、国际贸易理论）、财务管理（选择、连线、计算）、行测、英语、申论（两篇，400、500 字各一篇）都有涉及。时间上也是比较充裕的，100 分钟。

因为晚上宝洁要考托业，所以我做完卷子，简单检查了一下，就提前交卷了。

笔试的 tips 大概有几点：

第一，翻阅试卷，掌握大致时间，能够做完当然最好。

第二，看清题目，保证我会的不做错。

第三，不会的靠理解，比如那天考了两个国际贸易理论的专业名词辨析，我大概知道以前国贸课上有学到过，通过字面意思了解了大概，再掰一掰、扯一扯，差不多了。

第四，实在不会的，蒙！

■ **关于单面**

笔试成绩当场不公布，马上进入单面环节。我跟现场工作人员和学校

就业指导中心的助理 MM 说明了一下情况，很快就获得了先进去的机会。这次单面表现得非常不好，我个人本来也以为此次远东之行应该就此画上句号了。

进屋坐定，面试官首先关心地问道："晚上有笔试？""对，有一个考试。""方便透露是哪个公司吗？""宝洁，考托业。""噢，过了网申啊，挺不错的……""还行，挺开心的。"——寒暄过后，进入正题。

"你喜欢做什么样的事情？"我啰里吧嗦地说了一大堆，其实核心点就是"与人打交道"的工作；"与人打交道的工作很多，像营销、人力等，为什么选择人力，有没有考虑过其他岗位？"我又啰里吧嗦地说了一大堆，其实核心点就是"有专业知识"、"不大适合营销岗位"。我的啰里吧嗦此时真的是让我痛恨至极。

"最喜欢做人力资源管理的哪个模块？"我选择了招聘和绩效，给出的核心理由是"招聘——补充新鲜血液"、"绩效——人力资源核心"。这个地方的回答显得过于客观和官方了，让面试官无法看到我和其他应聘者的不同之处。

"如何保证招聘的有效性？"我选择了公平和科学两个因素，并分别说了公平和科学的实现可能性。"了解绩效管理的哪些方法？"我就简单列了一些，也因为自己前面啰里吧嗦，就没敢发挥太多。

"宝洁选择的是什么职位？"这就是我表现最烂的环节。我描述了我选择的职位，并且详细地描述了岗位职能和选择原因，可能确实是讲 high 了，回头想想真的不应该在一个公司面试官面前表达对另一个公司的向往，会让人觉得印象大打折扣吧。结束后，我匆忙地离开了面试室，心里以为远东之旅要到此结束了。

这一轮单面让我觉得自己表现得简直很糟，有以下几个地方必须注意：

第一，拜托，不要这样啰里吧嗦。回答问题，思路清晰、语速适中，思考和铺垫的时间可以靠语速和停顿来实现，啰里吧嗦让考官印象很不好，企业需要干练的女生。

第二，拜托，不要每次都把自己绕到同一个点上。每个人不是只有一个优点，我是应该有机会去强调的，但是太多地去说同一个观点，会让人觉得偏执，而且企业是不可能因为你仅仅具备一个优点就录用你的。

第三，拜托，不要在一个公司 HR 面前表达出对另一个公司的过分了解和向往。如果你是 HR，你也不希望来你公司上班的人喜欢另一家公司吧。

求职旅程收获多：南方航空篇

南航，毫无疑问，是我的重点目标之一。

整个过程持续了一个星期，虽说各种流言蜚语、各种小道消息横行，但是磕磕绊绊地还是走完了整个流程，也很感激南航让我有机会享受了一个星期家的温暖。

我应聘的岗位是湖北公司职能机关，整个流程是：

- 周一下午，接收简历。
- 周二下午，初面。
- 周三下午，笔试。
- 周五上午，决策面试。

■ **关于接收简历**

南航有自己的网申系统，但那个并不是简历投递的途径，现场投递简历是唯一途径。简历分为两部分，《南航校园招聘申请表》及《个人简历》，装订完毕，宣讲会后现场按部门投递。现场人山人海，我报的是机关职能管理岗位，报名的表格摞得是相当的高。

这里单独说到简历是因为在广州站简历筛选引起了很大争议，自然是关于歧视，我想说说我的观点：

(1) 关于基本筛选标准。没有哪个公司会设计一个没有用的表格，因此《南航申请表》需要填写的内容就是筛选的标准：985/211 高校、专业对口、英语六级、无挂科科目——符合了这些标准我想就应该可以进入面试了。

(2) 关于性别问题。男女确实有差别，虽然我不认为女生比男生差，但是也许就某些岗位来说，男生会更合适，例如经常需要出差的货运，上班时间非主流的地服。至于机关职能，我不好说，但是人家也许就更倾向于男生，所以姐妹们，我们需要变得更优秀。

符合了基本标准，我顺利进入了初面。

■ **关于初面**

当天下午三点半面试，我是两点接到的手机短信通知，拾掇一下出门已经两点半了。武汉的同学都懂的，汉口到武昌，做 411 路公交车然后打的，时间刚刚好。后来了解到，面试通知在中午 11 点就已经挂在南航的招聘网站上了，后面的进程中刷南航网站成了机械动作。

我报的机关职能管理岗位有 154 人进入初面，人数非常多，所以自然是简洁面，每人 3～5 分钟。按照个人编号依次排好队，挨个进去。排队间隙和后面的武大档案小男生聊了一下，说起武汉目前机会多，男子回答："竞争激励啊，尤其是文科，像我们专业也不对口，比起来中南财大的就很好就业。"我内心窃喜，俺也是财大的。

很快就进入面试房间了，四个面试官各坐一角，应聘者提交简历，站着回答问题。我的面试官是一个可爱的胖子，有点卷毛、白净，给人亲和感。

他首先让我做了一下自我介绍，我按照之前准备的介绍了自己的基本情况（学校、生源地）、特点和个人意愿，还算比较顺畅，面试官的笑容也让我淡定了很多。这个自我介绍，我要感谢一下我亲爱的室友 F 同学和我的家人，是他们启发了我。和 F 的一次卧谈，让我明确了自我介绍的基本定位和方向，试图寻找一个合适的东西来和自己类比；和家人探讨了到底应该怎样去描述我的特征，爸爸给了我很好的建议，我花了点心思，润色一下就用上了。

接下来，问了我关于家庭背景的问题，也是我意料之中的，毕竟我的妈妈来自东方航空，要知道在武汉只有南航和东航是有分公司的，竞争对手的女儿来面试，这个问题是逃不掉的。"为什么不去东航?"有备无患，我在表达了总体看好航空业的基础上，分别从主观意愿（企业文化、发展阶段、双向选择）和客观条件（有无校招）两个方面进行了回答。

最后，面试官提出我报考的湖北分公司机关职能管理岗只招一个人，有没有考虑调整个人意愿。我在报名表上填写的第一志愿是湖北机关职能，第二志愿是湖北货运，服从调剂。但是大家都明白，在如此激烈的竞争下，第二志愿以及服从调剂基本等于没有用。我想了想，还是坚定了自己的决定，毕竟进入航空业、留在武汉是我此行的目标，不能因为竞争激烈就轻易改变，况且我还是对自己有信心的。内心坚定，嘴上却不能逞强，“我在表格上有写着我的工作意愿，同时我也服从调剂。既然这个岗位竞争激烈，那么就当给自己一个机会，找找与别人的差距。”面试官似是而非地认同，问我还有没有问题，我就确认了一下是不是所有的招聘信息都会第一时间通过网站公布，答案是 yes。

一面结束，面试感觉还不错，自己在小本子上写下了这样几个 tips：

第一，为了让面试官感受到你很想去这家公司的心情，可以加入一些你对公司信息的理解，这些信息可以来自宣讲会、企业文化、企业发展或者最近的新闻，不过不要太生硬，而且一两句就好，多了不免让人觉得逢迎。

第二，适度的紧张是有利于面试的，可以让你的思维保持高效运转。我的这次面试显得有些随性，这从我最后结束的时候几乎靠在前排的桌子上可以看出。这虽然跟现场可爱的招聘人员以及我的面试官有很大关系，但是个人心态的调整还是主要因素。

第三，提问时选取对你有用而且面试官易于回答的问题。如何向面试官提问一直是大家纠结的问题，仔细想想提问标准就两个：你想知道的和对方容易回答的。这次问到信息如何发布，至少能让我下一次不至于慌乱。

■ **关于笔试**

南航的笔试是委托 ATA 公司做的，全部是机试，整个流程还是比较正规的，每个考场 30 人左右，3 个监考官，检查身份证，随身物品必须放在指定位置。

86 个人进入笔试，下午两点半开始进场。先照相，对照照片入座，分为两个部分：行测和托业。15：30～16：20 行测，16：30～19：00 托业。由于考试地点比较偏僻，我很早就出门了，但是低估了武汉的交通实力，提前两个小时就到了，爬到 7 楼考试机房，走廊空无人烟，于是我找到墙角一把破椅子，在阳光下睡了个午觉，倒也精神了。

先说行测，显示器右上角显示 50 分钟 38 道题。其实，这是骗人的，实际

是50分钟50道题，因为后面3道题目分别有5个小题！这个信息其实论坛里是有人说过的，所以我在考试前就想着要合理分配时间。

但是人啊，真的是，倔！所有笔试的题目大家都是一样的，只是顺序是完全打乱的，我一开始遇到了几道数字推理和图形推理题，如论坛所说有点难度，自然花的时间就长，超出了自己的预期；一看表，只好在文字题、推理题上各种加速，抢时间；做到最后一段文字阅读五个小题的时候，我真的是把鼠标抓得死死的，上下滚动，最后还是有两个小题没做完，系统自动提交了。整体感觉发挥一般，结束后去了一趟卫生间，舒缓一下心情。

接下来是英语了，由于应聘宝洁时考了一次托业，心里有点底，只是机考毕竟还是第一次，担心自己会措手不及，所以注意力非常集中。每个人自己佩戴耳机，试音半小时自主操作，大家普遍只听了10～15分钟，就开始正式考试了。考试形式是旧托业，依然是100道听力和100道阅读题，但整体难度较新托业简单了很多。尤其是听力，由于长对话和长独白的减少，减轻了阅读题目带来的压力。整个英语考试进行得比较愉悦，大概18:40就交卷了。还好有人接，嘻嘻，心里暖暖的，吃了饭，回家！

这是我参与的最紧张的一次笔试了，尤其是行测，还是有一些小体会的：

第一，机经很重要。应届生论坛(http://bbs.yingjiesheng.com)里的很多帖子还是有用的，毕竟大家都是为了攒人品，经验教训都是有意义的。

第二，规划好了时间就要实施。这次笔试之前我给自己做了大概多久完成多少题目的规划，可是执拗了，老是觉得做不出来不罢休，最后没做完几道简单的题目，切记有舍才有得。

等待笔试结果的过程是纠结的，因为实在是没有底啊。周四晚上狂刷网站，希望第一时间看到面试名单和时间，毕竟第二天我还要赶回厦门参加五点钟的宝洁面试。晚上9点，终于看到了决策面试名单，还剩43个人。

■ 关于决策面试

8:00到达面试地点，8:30开始资料审核，包括英语证书和获奖证书。我的审核人是第一轮面试我的小胖，笑呵呵地对我说，“考得不错，好好加油！”等待面试的时候和武大的一个心理学专业的男生聊了几句，他说：“南航还好没有群面……”“为啥?”“心里有阴影,财大的那些人就业能力太强了,连着几次都被顶得不行,你是财大的吗?”“曾经是!”

我是第一轮第四位面试的,前面大概每个人十分钟,不出意料还是自我介绍、自我介绍提问、简历提问。轮到我进去了,三个面试官微笑地点头示意我坐下。

中间的男面试官表达了惯有的欢迎之后要求我做自我介绍,时间 2 分钟。我按照之前准备的内容,娓娓道来,时间肯定超了,但是算是有趣的介绍,所以他们没有打断我。接着他旁边的女面试官问我,你能不能举一个说明你善于团队合作的例子,宝洁准备的案例提前用上了,算是流畅地回答了问题。

接着是针对简历的问题了,还是那个女面试官发问:

“为什么本科和研究生时都是副主席,有没有想过做主席?”这个问题是我在写简历的时候自己就想到过的,所以也有些回答思路,从个人意愿和客观条件两个方面做了回答。

顺着我的回答,女面试官问道:“你的专业是人力资源管理,那你能不能说一说现代人力资源管理理论与国内企业实际管理状况,尤其是国企当中,是什么样的状况?”我首先表明了理论与使用现状存在较大差距,然后再次引用了毛主席的话“我们的情况是复杂的,我们的思维也要复杂一点”,因此原因也是复杂的,接下来分别从理论产生背景、翻译过程中的曲解、应用环境的不同、管理者 & 员工结构差异几个方面做了解释,最后我说明了我的研究方向是知识型员工管理,对南航现有人才结构是有效的。

“东航与南航,既然之前在东航实习,为什么不去东航,如果东航招聘会不会去?”有备无患再次起了作用,我在表达了总体看好航空业的基础上,分别从主观意愿(企业文化、发展阶段、双向选择)和客观条件(没有校招)两个方面进行了回答。

最后问了一个关于干训班的问题,我就将整个过程简单描述了一下,起因、过程、结果中我的作用是什么。整个回答过程中,面试官有问到关于研究生会部门数量和成员数量等验证性问题,主要是用来检测案例真实程度。

面试顺利结束，发挥正常，中午打飞的回厦门。最大的收获是吸引力法则是有效的："如果你真的想去，你就会愿意花心思去准备它，去了解它，去接近它，去想象它……"。

求职旅程收获多：再战远东租赁篇

之所以单独将远东的两个阶段面试分开，一方面是由于两次面试时间间隔比较长，更重要的一方面是和远东 HR 接触的过程是我收获最大、感触最多的，绝对值得再写一篇，记录成长。

■ **关于线上测试**

线上测试均为性格测试，时间限制也并不严格，按照自己真实的想法去完成即可，与其他公司的性向测试没有太大差别。和其他公司一样，这次测试的主要作用是检验个人特性与岗位的匹配程度，同时为面试提供一些参考。

关于线上测试到底刷不刷人的问题，我想如果是第一轮，可能会筛选掉一部分，而走到现在，站在企业的角度上来说，已经为面试投入了大量的成本，肯定不会轻易否定自己之前的主观判断的。所以大胆地做自己，即使因为特别不匹配被刷掉，也许也不是坏事。

■ **关于终面**

远东的终面是在第一轮次结束后两周进行的（11 月 5 日），这个过程是我收获最大、感触最深、情结最重的一场，无论是面试过程本身还是面试官张 sir，都给我上了人力资源管理实务的第一堂课。

我按照通知时间 8:30 来到南光 4，一上午加上我共 8 名面试者，依次由等候室进入面试室，并被告知面试结果中午就会给出。由于面试官第一个叫进去的同学是之前认识的一个女生，而且我印象中她是邮件通知名单中的第一个，所以我估计是按该顺序进行的，那上面我是第 2 个。由于手机保存了该邮件，我也将名单顺序告知了其他等待面试的 6 个人，自此，大家熟络起来,开始攀谈。

第一位同学面试时间大约为 40 分钟,HR 张 sir 出来叫下一名同学,但并不是我。继续等待,并与大家沟通之前面试的感受、对远东和其他公司的看法、这段时间寻找工作的进展和收获等,各抒己见,当然也不免有些争论。面试到第 2 名同学时,张 sir 要求等候室和面试室换一下,因为面试室回声很大,环境对应聘者影响比较大,同时告知由于应聘者比较多,需要权衡下午的情况,因此面试结果改为当天下午统一发出。一名经济学院的同学提出第一位应聘者已经离场,由于之前认识这名同学,我就主动提出电话告知她。

从面试室出来的每一位同学面色多少有些凝重,我大概能体会到应该是压力面试。老实说,对压力面试我已经期待挺久了,我也想看看自己在压力之下能否做到从容以对,做最真实的、最好的自己。

倒数第二个人进入教室后,陪伴我的只有就业指导中心的学工助理了,与他有一搭没一搭地闲聊,是个上进单纯的化学男,到 12:00 终于轮到我了。

(1) 第一问:"你是学人力资源管理的,实习经历也是人力资源,你为什么觉得自己适合做人力资源管理?"

这个问题我之前是有所准备的,于是就从三个角度"对人敏感、有兴趣、有基础"给出了回答,在回答的过程中,张 sir 时而眉头紧锁,时而面露难色,让我一瞬间觉得"是不是我说的不是他想要的答案"……定下神,我想压力面试更要从容、淡定。

(2) "在你的实习经历当中,哪一阶段是给你印象最深的? 收获最大? 为什么?"

我选择了希尔的实习经历,离得近、记得清、有准备。给出的收获点有两个:第一,第一次独立地运用所学的专业知识解决企业的人力资源问题;第二,第一次以社会人的身份面对同事、客户,检验了自己的学习能力和适应能力。

(3) "你解决了什么问题? 或者说这些解决的问题中,哪一个你最有心得? 或者说哪一个最能体现你的专业知识?"他对问题的不断解释的感觉并不好,因为我知道这个例子不可能完美到能回答和突出他说的这些问题,所以怎么回答都是有漏洞，怎么回答都是眉头紧锁。

我第一句回答是："丽江移动的薪酬项目是我体会最深的，因为……"

"不要说体会最深，我问你最有心得的！"

"我最有心得的是丽江薪酬项目中为营业员设计的积分薪酬体系。"

"给我讲讲这个项目的操作过程，你是怎么做的。"

"我们首先做了项目研讨，各个项目经理……"

"不要讲准备过程，讲操作！"

"首先做了项目诊断，包括做问卷调查和现场访谈；接下来与导师和项目组讨论，根据客户拉开营业员薪酬差距的要求，制定了计件薪酬的方向；紧接着与市场部、集团客户部通过讨论确定计件项目；然后根据过往三个月的数据进行核算，保证在薪酬总额不超过10%的情况下，合理拉开3倍左右的薪酬差距。"期间当然不是如此顺利，而是各种被打断，各种被瞪眼，各种结结巴巴。

"3倍的差距是哪里来的？为什么合理？"

"是根据过往的学术研究成果确定3～5倍，与客户商量之后确定了3倍。"

"你们访谈的时候有问过营业员吗？问卷里有没有这样的问题？"

"访谈时有问过，问卷里没有明确的问题。当时确实忽略了，后来的项目总结当中也提到了这个问题，是以后类似项目可以借鉴的。"

一直问到我趴下，这个问题算是结了，被追问的感觉真的不大好。

(4)"你的父亲是军人，你觉得他给你最大的影响是什么？或者说在他身上你能看到的军人特征是什么样的？"跟我聊上爹了，这个我擅长。

我给了三个点：责任感、纪律性和专业性，并且举了几个简单的例子。

张sir面容有些和缓，看得出远东的军队、家文化确实已经深入到他的心里，自然和我这样的成长背景是有共鸣的。

(5)"本来你是第二个面试的，你觉得我为什么把你安排到最后一个？"

"您可能是认为我面试的是人力资源岗位，想看看我和大家沟通得如何，也想看看我对大家的观察怎么样？"

"看来还是有些感受的，不错。"此处有笑容，第一次。"那你谈谈对之前

7个人的感觉，也考验一下你对人的敏感性。”

一瞬间，石化了，虽然类似的“扶扫把”、“捡文件”、“插卧底”的面试招数之前看到过一些，但也觉得是非主流的面试方式，没想到还真的碰上了。7个人，一个是好友，一个是面试一路走来的，一个是久闻大名的，剩下四个人就要根据他们的表现来判断了。好在这四人都是经济学院的男生，在学术背景相似的情况下，性格特征类比也就不那么困难了。我用试探性、半推半就式的话，描述了我的主观印象。

(6)“那你觉得跟他们相比，你最大的缺点是什么?”这种问题其实已经准备很久了，但是每次回答都是各种被追问。

“有时候，我急于推进自己的想法，可能会不顾及团队成员的感受。”

“是的，你的感觉是对的。我本人，包括之前面试官都有觉得你缺乏亲和力。”正中下怀，哎。

“嗯，我承认我有这个问题。平时生活中，大家都觉得我是个挺有趣的人，也挺有亲和力;但是一做正经事就会特别严肃，容易给人压力。”

就这样，经过近一个小时的周旋，我终于被放出来了。

正准备离开时，张 sir 叫住了我，“唐甜，首先恭喜你通过了我们的面试。下午我一个人忙不过来，可能需要你的帮助。你下午四五点钟过来，可以吗?”能够被自己欣赏的公司肯定，还有什么比这更令人兴奋的呢，喜出望外之下便答应了。

■ 观察就是收获

下午作为旁观者看到的一切，是让我收获最大的，所谓旁观者清，给大家举两个例子吧。

第一个，关于面试态度。

一个经贸专业的硕士研究生在之前的笔试题目中，做错了一题关于国际贸易专业的题目，自然是不应该。

“你是学国贸专业的，为什么这道题目做错了。”

“我忘记了，是大二学的。”

因为这句话，面试官没有录取这名之前面试表现还不错的女生，闲谈中他给出的理由是，在她回答问题时，对自己犯的错误完全没有羞愧，甚至没有看到羞涩的表情，这样她以后面对自己的错误时，可能很不敏感，同时也不愿承认和承担，这是企业最怕看到的，因为态度决定一切且难以改变。

第二个，发送录用/拒绝短信。

还有一名同学未参与面试时，张 sir 分配给我第一个工作：给被录用的同学发送短信！这个简单的事做起来却很有意思，在张 sir 的指导下我们共同完成。

首先，考虑到后期可能被骚扰的问题，录用短信由我来发送，而残酷的拒信张 sir 就自己承担了。其次，上文中我提到过，面试同学中有我认识的，那么为了避嫌以及显示公司通知的严肃性，这几名同学的短信由张 sir 发送。接着，短信的内容该怎么写？我调出了之前远东发送给我们的各阶段短信，根据本轮次的情况进行了修改，说清了进一步沟通的地点、时间，拟定了录用和婉拒两个版本，发送给张 sir 审阅。最后，张 sir 提出了修改意见，我们就各自发送短信。

这个问题在面试中张 sir 也问到过我，关于远东招聘过程中关注了哪些细节以及 HR 给人的印象，当时他的目的是让我说出远东的 HR 很亲切，进而他就可以说我缺乏这方面的感知。当然，本人成功进入圈套。回头仔细梳理整个面试过程中远东传递给我的感受，确实有很多过人之处，我在前一篇和本篇中都有描述，这里赘述一遍，可以供各位既任和未来 HR 参考：

第一，时间观念很好。首轮即兴演讲，25 人左右一组，两批次面试时间间隔 1.5 小时，缩短等待时间；群面按时开始，即使 HR 没有吃完午饭；最后一轮面试，面试官从早上 8:30 工作至 19:00，中间只是花 10 分钟时间吃了午饭。

第二，尊重和关注应聘者。即兴演讲和群面过程，HR 当场给出点评，及时反馈；终面压力面，仍保持风度和礼貌；充分询问面试者的工作岗位和地点需求，尽可能满足个人需求；每轮测试环节结束后，当场、当天给出高效答复，这也是企业对 HR 充分授权和信任的表现。

第三，即兴演讲规则设置巧妙。这一点我已经在各种场合强调过很多次了，无论是抽题系统、席位设置、准备时间等都充分体现了设计者的用心，考察了应聘者的表达能力、知识面、抗压能力、随机应变能力，同时极好地推动了进程。

第四,两个阶段采用不同的面试官。我们在第一阶段和第二阶段面试时所接触的面试官是完全不同的,前者给后者提供面试建议,一方面保持了面试的连续性,另一方面也提高了面试的客观性和科学性。

12 月 8 日,我认识的第一批“同事”已经在上海金茂大厦报到了,开始为期一个月的“铸剑行动”。谨以此文感谢远东教会我的那些事,遥祝各位身体健康,成长快乐!

求职旅程收获多:宝洁产品供应部篇

宝洁,“全球最大的快消企业之一,中国大学生最佳雇主,应届生竞争最激烈的企业,拥有最富有挑战性的招聘流程,诚实正直的企业品性,卓越完善的培训体系,积极向上的工作氛围,优秀的工作伙伴,快速成长的职业经理人路径——you win a career, not a job!”和大家一样,我也被这样的企业所吸引,一步步从招聘会到获得 offer,我有幸走完了整个流程。在这个过程中,我充分感受到了宝洁对应聘者的尊重。一次的流程,我自然无法点评这个过程的科学性或是随机性,只是希望通过个人感受的分享,让自己获得成长,与各位共享来路。

我这次应聘的岗位是产品供应部(PS),以 9 月 16 日宣讲为起点,以 12 月 6 日发放书面 offer 为终点,将近 3 个月的时间,与宝洁一路同行,贯穿我的整个求职旅程:

- 9 月 21 日,网申。
- 10 月 14 日,英语考试。
- 10 月 21 日,一面。
- 10 月 26 日,终面。
- 11 月 11 日,RT 笔试。
- 11 月 15 日,发放 offer。

■ 关于宣讲会

厦大科艺中心 + 9 月 16 日 + 厦门大学 2012 届毕业生第一场宣讲 + 人山人海 + 组织有序 = 2011 宝洁厦门地区宣讲会。

宣讲会的门票共有 600 张，被分为了两个部分，一部分是学院推荐票，一部分是公开派票。学院推荐票的部分，在管理学院是由个人向职业发展中心提交申请（填写简单个人情况），通过审核后即可领取；公开派票部分，从宣讲会当天下午 5 点开始发放，先到先得。我们那天到场领票的人非常多，在科艺中心门口排起了长长的队，需要凭学生证领取。我的票是占用了学院推荐名额，后来也有和大家一起去排队领票，当天大概 20 分钟左右所有票发放一空，绝对的一票难求。

这两种票有何不同，从我自己的亲身经历来看，仅仅表现在拿到推荐票的同学会在后续的招聘答疑会和网申答疑会收到具体短信通知。

宣讲会进行的时间非常长，从晚上 7 点持续到将近 11 点，过程中分为总体介绍、在厦门地区有招聘计划的部门具体介绍（PS、CBD、FA）和 Q&A，其中每个部门的介绍是由资深员工和新入职员工共同完成，内容非常充实。只是战线过长不免让人疲惫，后面有些走神。

宣讲会上的内容当然会给你的网申和面试提供一些帮助，包括公司文化和岗位职责等，但是在我看来更为重要的是认准那些人。一个公司的人总是有类似的气场，当你认为你身上也有相类似的气质的时候，也许这家公司就是你的下一个驿站。

很幸运，在宝洁我似乎看到了自己的影子。

■ 关于招聘答疑会

招聘答疑会一共举行了两场，第一场在宣讲会第二天，由原班人马组织进行；第二场是在 9 月 29 日，由厦门地区招聘经理 Neo 携 base 在厦门的两名员工参加。

第一场答疑会完全采用 Q&A 的形式，同学们可以就自己感兴趣的问题进行互动，我们那天提问的内容各种各样，算是做到畅所欲言了；第二场答疑会主要针对网申，由于国庆期间会迎来网申高峰，Neo 在宣讲会和答疑会上反复强调希望各位提前完成，会上也介绍了整个网申流程和小 tips，当然这些 tips 如果大家自己逛论坛，积极收集也是完全可以获得信息的。这两场答疑会都会以短信的形式发送给学院推荐的同学，当然其他同学也可以前往，我们当时是完全没有查看票根的。

对于我个人而言，第一场答疑会的意义要重大得多：首先，我选定了我要申请的部门。本来一心打算申请 HR，可是厦门地区这个部门并没有招聘计划，那么其他的部门中我该选择哪一个呢？在答疑会上，我问了一个关于宝洁俱乐部为何在厦大没有分会的问题，会下的交流中，我了解到在宝洁 PS 部门工作很多时候都是通过解决问题来获得成长的，这对于主动创新能力并不强的我来说，是不错的选择，同时 PS 是员工转为 HR 的一个重要途径，目前公司的很多 HR 都曾是 PS 的优秀员工，当然还有就是，我在 PS 的伙伴身上进一步明确了自己的影子；其次，我获得了宝洁员工的微博，Neo 是我见过的最负责的招聘经理，他在后续招聘进程中给出的时间节点和反馈成为我和众多面试同学的福音，而其他伙伴的微博则为我提供了一个窗口，让我看到最真实的宝洁生活。

■ **关于网申**

今年宝洁网申的时间是 9 月 12 日～10 月 9 日，我是在 9 月 21 日完成的，算是比较早的，也比较顺利。

网申分为两个部分：个人简历和网上图形测试。在应届生论坛宝洁板块(http://bbs.yingjiesheng.com/forum-347-1.html)的网申精华帖已经写得非常清晰了，而且很值得借鉴，大家可以认真读一读，一定会有所帮助的，我在这里就不做普及贴了，只是写写自己的一点经验和体会。

个人简历中所有的内容我都是根据论坛里提供的模板在 word 里先完成的，在网上完成时，直接选择和粘贴就好了。其中比较难的是个人简历部分，从采用的模板到填写的内容都是大家所纠结的。先说简历模板，我选择的是宝洁提供的官方模板，保证了上传格式的工整，同时最大限度地提供了宝洁想要的信息；简历的内容，我是根据个人的英文简历修改的，更多是用精确数据突出了学生活动中的领导能力和实习中的创新能力，诸如 leader、creative 等词语自然也就包含其中了。当然自制的个人简历(建议大家将中英文放在一个文档里，毕竟与人方便与己方便)、成绩单等可以以附件的形式上传，根据 Neo 的描述，这些简历 HR 都是会进行筛选的，而并不是简单的系统筛选。网上图形测试我找到 84 道题目，自己反复做了三遍，这样在测试时需要完成的 15 题中，有 2 题没有见过，其他的倒是轻车熟路。

这一关，我、室友 F 同学以及哥哥妹妹帮的小朋友们都顺利通过了，显然这一关并没有大家想象的那么可怕，只要用心准备，通过的可能性还是非常大的。需要说明的就是申请时间的问题，我们都是十一国庆节前完成的，我建议大家也可以尽早，一方面网速比较流畅，另一方面观望他人网申信息不会对自己有太大帮助，有时候还容易急躁。

■ **关于英文测试**

10 月 14 日经历了一整天远东的车轮面试后，我拖着疲惫的身子参加长达 3 小时的非母语托业测试。

我的英文水平中等，本科过了四六级，研究生阶段几乎没碰过英语。不过，比大多数人幸运的是，我身边有个小达人——再次出场的 F 同学。和她做了一些沟通，了解到托业的考试题型和结构，购买了她推荐给我的书。一共做了 6 套听力和 3 套题目，其中也是错错对对，考前心里还是没底的。

有托业成绩的同学可以直接提交成绩单，只要过了相应的分数线就可以免考，但具体分数线是多少就众说纷纭了，我也没有办法给大家一个准确的答案，因为我身边那些英格里希大牛们分数都贼高。

作为需要考试的孩子，默默地，6 点半，检查身份证入场；7 点，试听；7 点半，开考；10 点，收卷！整个过程我纠结无比，听力很多题没听清，可能是白天太累了，后面都有些走神了；阅读部分，各种来不及，到最后两篇阅读，我基本上就是看一眼题目，回文中找答案，搞不清对错。于是我发了一条微博"舍得舍得，我终是要为自己的贪心付出代价"。幸运再次眷顾了我，10 月 16 日我收到了通过英文测试的通知。

建议各位同学可以提前考一下托业，一方面降低自己临场发挥失常的可能性，另一方面在各个企业网申过程中，多写一门外语成绩至少不会减分。

■ **关于一面**

10 月 17 日接到了宝洁的第一轮面试安排，时间是 10 月 19 日下午。当时我在武汉，正在南航面试，就提出调整面试时间，要求很简单，尽可能推迟。最后经过4、5个同事6个电话的协调，我有幸成为宝洁今年在厦门地区最后一个面试的人，10月23日下午16:30。这个过程中宝洁的伙伴为我提供了最大的便利，他们充分考虑了我的个人时间安排和航班时间。人生因此洋气了，打飞的、拖箱子去面试！

由于南航的面试比较紧凑，我当时没有太多精力准备宝洁的面试，只是在面试前2天，我下载了宝洁的8大问，对每个问题都想出了相应的例子，做了粗略的梳理，列出了回答的提纲。

面试我的是PS部门的Grace，在宝洁工作了19年，人如其名，她负责的工作是质量管理。

(1) 她以我的专业是人力资源管理为突破点，问我为什么选择PS?

这个问题我之前是有所准备的，而且确实也经历过思想斗争。首先，我承认了在客观上HR部门在厦门地区没有招聘计划让我觉得很遗憾，我只能选择其他的部门；接下来，我提出在宣讲会上，sunny姐姐提出的在问题中找成长的理念深深地吸引了我；最后当然是从长期职业发展规划来说，PS和HR都是与人打交道，有一些交集。

Grace对我的回答点头微笑表示回应，我的心态便缓和了一些。

(2) 我提出了“从问题中找答案”，她便让我举例说明是否曾完成过类似的例子。我选择了为了打破部门壁垒、促进部员成长、优化竞选方式建立学院研会干训班的例子。

根据我的描述，Grace进行了追问，例如“学员有多少人”、“培训方式有哪几类”、“培训课程如何设置”、“有没有对培训结果进行跟踪调查”、“这种方式是否还在继续使用”等。我也一一进行了回答。

(3) Grace提出我有没有带领一个团队完成一个有挑战性的任务？我选择了本科时第一次组建16人团队参加健美操比赛的例子。

根据我的描述，Grace继续追问，例如“比赛的规模”、“训练教练从哪里来”、“训练进行了多长时间”、“费用经费来源”、“自己是否参加了比赛”、“如何鼓励队员”、“比赛成绩如何”等，问得非常细致，有一种防不胜防的感觉。

整个面试过程持续了40分钟左右，我感觉比较顺畅，只是自己啰嗦的毛病改观不大。之前也听大家说宝洁面试官都很和善，都不会让人觉得有压迫感，但是常常“杀人”于无形。

走出酒店，拖着箱子，走在鹭江道，问一交警哪边打车方便，他随手一指，我迷迷糊糊地走过去，没过一会儿却发现走错了方向，再走就该上演武大桥了。本想一生猛直接拖着箱子上桥，看看厦门夜色美景，抬起头却见行人禁行的标志，笑一笑，别为了贪恋路边风景，忘记了终点，于是又原路返回。顺便对着那个乱指路的交警，莞尔一笑。刚刚回到宿舍，我就接到了第二轮面试的通知，10月26日下午4点。

这一轮的面试让我对宝洁的招聘有了更直观的感受，这种无压迫感的追问方式，让我觉得比较适应，充分准备，照实回答。

■ 关于二面

二面前，我将个人简历进行了详细的解析，分为领导力、团队合作、创意、资源整合、说服他人、技能习得和应用、最自豪的经历、最失败的经历、个人职业生涯规划、道德标准等12个维度，并在各个维度下举出具体的1～2个事例。对于这些事例，我又分为了事件概述（起因、流程、结果）、最大的困难、冲突及其解决三个方面进行了回顾。在这些描述中，我运用了比较精确的数值，当然对于不大确定的部分，采取了回避的办法。这些例子有一些是重复的，但重点在于你突出的角度。为了能让自己的表述更流畅、不罗嗦，我把要说的话一个个码在了word里，然后第二天自己试着读，删除认为冗余的部分。大概三天的时间，我踏上了二面的旅程。

二面的面试官有三位：Neo、Sunny、Mr. X（原谅我不记得他的名字），前两位我已经非常熟悉，他们也认识我，最后一位先生在宝洁负责的是质量管理工作，也算是似曾相识，紧张感顿时缓解了大半。

（1）自我介绍（中文）。

这个自然是有所准备的，针对宝洁在意的领导力、团队合作两个方面，我对自己的自我介绍进行了针对性修改，同时在末尾突出了对加入宝洁这个大家庭的渴望，自认为还是比较好的一篇，评委们也微笑点头表示认可，尤其是Neo，他坐在我的正对面，小小的眼睛里一直有着四川男人的那种含笑软绵绵的小眼神，我险些笑场。

(2) Sunny 非常 nice 地顺着自我介绍问了我自己提到的关于领导力的例子。

我仍然选择了建立学院干训班这个例子，只是这次我的充分准备让讲解明显更流畅和清晰。不出我所料，他们接下来就遇到的最大的困难以及如何解决、过程中有没有出现突发性问题、最后结果如何以及总结发现的问题这几个方面提出了问题，由于事先或多或少有所准备，我的整个回答也比较连贯。

(3) Sunny 仍然非常 nice 地顺着我的自我介绍问了关于团队合作的例子。

我仍然选择了本科期间牵头组织学院参加大运会的例子，整个过程我的个人感受太多了，从干事到副部，再到最后的副主席，一路上我完成了从参与者、组织者到策划者的转变。在概述该例子以后，我很自然地就讲到了对那些一路走来的伙伴的感谢，有点小激动。接下来，另外两名评委也根据我的描述对参加比赛的规模、遇到的最大困难、如何整合资源等问题进行了追问，兵来将挡，水来土掩！

(4) Neo 进行了补充提问，提问的内容是如何学到一项新技能并且进行应用。

我选择了在实习中参与西藏移动 2011 培训体系规划，将学到的方法应用于干训班课程设置的例子，是典型的知识转移与活学活用。但在这个例子中，Neo 问到了如何保证这种方法在转移以后是有效的，我没有回答出来，只是说可以通过后续的课程满意度进行评估，显然这是没有太大说服力的。

(5) Neo 提出这些例子都比较顺，从我的简历也看得出比较顺畅，那么哪件事情是你觉得自己做的最艰难的决定？

一秒钟变道德标准！我选择的例子是实习期间项目出差时，亲人去世，我利用假期返乡，然后信守承诺坚持回到项目组，并独立承担往返路费的事情。虽然事情比较简单，但是对于我个人来说，确实经历过内心的挣扎，当时也的确是道德的准绳把我拉了回来。

(6) 最后,他们对我的工作地点和具体部门进行了询问。

我选择的工作地点是武汉,but 没有职位,于是进行了更改,选择了广州或者尽可能离武汉近的地方。而对于具体部门,老实说,我了解得并不多,就提出服从公司的安排。

二面的过程是轻松和愉快的,我自己心里明白,这与用心充分准备是息息相关的。不出所料,在陆续有小朋友接到拒信的同时,我想我可以和宝洁继续走得更远些了。

■ **关于 RT 笔试**

11 月 11 日下午,海韵园,4 点,RT 测试如期而至。

带着证件,记着 ID 号,削好 2B 铅笔,备好计算器,蹦蹦跳跳地去笔试咯!笔试共有 23 人参加,考试时间是 65 分钟,大家间隔着坐在考场里。考试一共有 35 道题目:15 道数学应用题、10 道语言逻辑题、10 道图形推理题。

数学应用题比较简单,列出简单的公式就可以得出计算结果,计算器是必要的,因为那些数字并不是整数;10 道语言逻辑题是最纠结的,我当时是跳过放到最后再完成的,那些题目应该是英文直译过来的,所以很多语句读起来很怪,例如用了 n 重否定以及 n 个关联词套关联词,总结起来就是纠结,需要耐心地做完;10 道图形推理题大部分来自 84 道题,个别没有涉及的难度也不是很大,时间比较紧凑,刚好做完。

RT 笔试不是筛选的绝对标准,具体来说:第一,RT 没有规定一定要全对,但是还是有一个相对的题目数量的,具体是多少需要通过横向比较来确定;第二,RT 通过不代表可以被录用,公司还会综合之前的表现进行考评,决定录用与否。

这里有两个小细节我想和大家分享一下:

(1) 个人 ID 号需要熟记。在发送邮件通知、短信通知、短信确认时都强调了个人需要记住自己的 ID 号,可是现场仍然有一些同学疏忽了。这个 ID 我当时也找了好久,因为只有在网申的时候才用过,这已经是 2 个月前的事了,我翻遍了邮箱才找出来。公司在现场也为大家重新提供了这个号码,但是我想既然已经给了足够的提醒,是公司对应聘者的尊重;那么我们记住 ID,就算是应聘者对公司的尊重。

(2) 考试前，笔试的主考官反复强调了不允许在笔试卷面上做任何记号，哪怕是铅笔擦掉也不行。收卷时，还是发现有人用中性笔在上面打了草稿。考官记下了这名同学的 ID，我不清楚最后有没有追究，但我想这样总是不好的。

■ **关于发放 offer**

从一面的 100 人左右，到二面 25 人左右，一直到 11 月 15 日 PS 发放 offer，很开心我是其中一员。

电话是 Sunny 姐姐打来的，她恭喜我通过了所有的招聘流程，并且亲切地询问了我最近的求职进展。我表示很高兴收到了这样的消息，当然也保持了理性，说明了我已经将三方寄出，需要和家人商量是否签约宝洁，并在一周内给出答复。

其实，接到电话的时候，不争气的我偷偷留下了眼泪，这眼泪不是激动，不是惊喜，不是纠结，只是感恩。感恩这一路上和宝洁一起走来，一步步地，宝洁见证了我的求职成长旅程，陪着我经历起起伏伏，从来没有一个企业能让我如此用心。

■ **关于 Offer celebration party**

12 月 6 日，宝洁厦门地区举行了以 Shaping your life 为主题的 party，这时我只是个旁观者，却仍然在内心分享着你们的快乐，因为与你们一样：宝洁，让我更加自信地面对自己，面对那未知的未来！

我的 Offer 纠结及选择过程

我的未来在哪一站？

一个月前，我一个人坐在厦门的海边嚎啕大哭，为了那个未知的决定。

我明白：即便有再多的犹豫、再多的不舍、再多的无所适从，最后所有的机遇终归是要走向一个抉择的！从拿到宝洁的 offer 开始，我答应 Sunny 姐姐一周之内给她是否接受 offer 的决定，我这样做就是为了逼自己迈出这一步，南航、远东还是宝洁？

选择的过程复杂而又纠结。在这个过程中，一扫往日与朋友们分享和讨论的作风，我选择了独自面对。这是因为，当时身边的好友大都没有定下来，大家面对的麻烦只比我多，我不想给别人徒增烦恼；更重要的是，我知道，这一步没有人能替我做决定，因为对未来我们一样充满未知，只有我自己能为这个抉择负责。

复杂地分析每一个 offer 的政策环境、工作地点、待遇、未来发展、同事伙伴这些我在意的要素，我的笔记本上写满了这些公司的年报数据、新闻公告甚至股票分析。我和室友在卧谈过程中来来回回分析了很多次，对这些公司明确了一些客观的评价。学管理的臭毛病，一做分析就爱用 SWOT 矩阵，我的本子上又多了一个个密密麻麻、修改得千疮百孔的图形。

分析自己的心，这是一个更艰难的过程。在寻寻觅觅的过程中，我和所有的求职大军一样，行进在旅途，在与人“斗”的过程中，沉浸于每一站的风景，享受成功的喜悦，接受失败的落寞。在众人的加油助威中，我们只记得一路向前！现在的问题就是，我们到底去哪儿？终点在哪儿？我当时就想，既然前方看不见，不如回头看看自己从哪里走来，找工作时最初的想法是怎样的？在准备找工作的时候，我就告诉自己，也和周遭的很多朋友提起过——找工作，其实就是找一种喜欢的生活方式。新问题是什么是我喜欢的生活方式？没有一种我可以准确描述出的生活是我最想要的，它是一个个片段，可能出现在不同的城市、场景、任务……在这纠结的内心的徘徊过程中，每当我倾向于某一个选择时，就总是会有另外一个小人出来打架，无论战胜与否，新一轮的战争在脑中又吹响了冲锋号。

于是就有了我刚刚在上文中提到的海边的嚎啕大哭。我清楚地记得，第二天我就要给出答复了，心里实在憋得不行，在宿舍呆不住，也怕坏情绪影响了朋友们，我决定自己去海边跑跑步。一路上，从公寓、珍珠湾、书法广场、曾厝垵一直到音乐广场，我跑得很快，印象中，我从来没有在这样的速度下跑这么长的路。一路上，那些过往的面试情景、可恶的 SWOT 图表和可爱的想象场景，在我脑海里像系统失灵的幻灯片播放机，毫无规律地播放着。坐在木栈道上，看海浪拍打着礁石，我的眼泪不知不觉就流下来了，我在整个求职旅程中，第一次觉得——我累了。

忍不住地流着眼泪，想跟人说说话，我第一个拨出的号码是“万能老头”爸爸的电话。以前妈妈就曾在她的一篇小文章里就写道“在甜儿的眼里爸爸是太阳，她自己是一朵灿烂的向日葵，阴霾里搭拉着脑袋，一见太阳便抬头微笑”。电话里，我抽抽嗒嗒的，话都不大连贯，在问清我在哪里，周围有没有坏人等问题以后，爸爸笑着说“这个电话我早就想着你会打，只是没想到情绪这么激动。”在问了我各个公司的具体情况以后，爸爸用非常严肃的口气逼问着我：“如果现在马上让你选，你选哪个？”我哭得更厉害了，“我不知道，我真的不知道……”我这样重复着，他穷追不舍，我说出了“南航！”爸爸的语气缓和了下来，“孩子，其实你自己心里早就有决定了，只是让‘舍不得’这三个字折腾的。爸爸从来没有为你做过任何决定，这一次，就是南航了！”接下来，我拨出的第二个号码是“熊猫先生”。我的第一声“喂”就出卖了我自己，哭腔都可以唱戏了。我琢磨着爸爸说的话，还是管不住那泪珠子，继续抽抽嗒嗒。“熊猫先生”也是在同样确认了我是安全的之后，首先表态无论我去哪儿，他都支持，并表示追随，态度可好了；接下来，开始跟“万能老头”用同一招，逼问！这让我如何是好，逼得我眼泪大溃堤：“南航，其实我根本不用选！”电话那边，听到我哭得像个孩子，立马又开始各种分析、安慰和鼓励（此处略去1万字），不知道为何这些安慰我统统都听进去了，并答应他尽快回宿舍，避免海风把我吹得面部僵硬。

这里我要感谢另外两个人，第一个是我可爱的师弟JP，那天他为马拉松准备，恰巧跑步经过音乐广场，小憩之时听见无知求职女青年的哭声，通过雄伟的背影果断认出是他没出息的师姐之后，他一直坐在不远处陪着我，怕我被其他男青年欺负，保守估计他在海边等了我1小时，而后又陪我跑回公寓；第二个人是与JP斗智斗勇的警察叔叔，他在我师弟之前到达现场，听到无知女青年哭声后，他坐在巡逻摩托上观望我，怕我跳海，而在师弟远远观察我时，警察叔叔果断地检查了他的身份证，怕他就是那个已经或者即将欺负我的男青年。

第二天我给宝洁和远东的HR打了电话，婉拒了他们的offer。到现在，我也不能说我做了一个最好的选择，但我确信这是我最喜欢的选择。当那天在高崎机场看见飞机尾翼上的那朵红红的木棉在蓝天上绽放的时候，我笑了，其实我的心早就做了选择，谁让我是在机场长大的孩子，看见这些大东西，我就会莫名地开心起来。

对于我，南航——飞行从此大不同！

感悟：求职就像一趟艰难而幸福的旅程

我的求职旅程大抵就是这样，一站站，遇见不同的可爱的人儿，看见不同的美丽的风景。用开头的一句话结尾，也用这一句话做一个新起点的开头：

我希望它像一趟旅程，会经历困难，会遇到挫折，会收获友谊，会体验独行；有紧张、有焦躁、有不安、有欣喜、有自如，最终会到达那个终点。我想说的是，如果你自己知道终点在哪儿，世界都会为你让路！一段经历丰富的生活，一段不一样的旅途，再启程！

网友评论

应届生论坛 ID：http://bbs.yingjiesheng.com	评论内容
kelvenleung	为梦想而奋斗！共勉！
hannahyan2011	世界真的为你让路了！Thanks so much!
佳嘉宝	相当细致啊，那个演讲的思考过程看得我都紧张了，加油!!
ganxuelian6	太强了！而且很有逻辑性和目标，细致。果然能力素质不一样。

（续表）

应届生论坛 ID： http://bbs. yingjiesheng. com	评论内容
xiaoyu121	我想我大概能体会楼主的心情，明白楼主的泪水。自己努力奋斗了那么多年，一直念名校，努力地学习、奋斗，一直付出。最终，还是无法像男人一样选择职业。是一种憋屈和无奈吗？这个世界，男女是不一样的。即使女生再怎么努力，再怎么要强，将来职位再怎么高，都会承受亲戚朋友的指责，同事下属的非议。除此之外，与男性比起来，让女性晋升的空间实在小太多了。楼主，你一直都很强，朝着自己的目标进发，我相信你未来在南航也会如愿以偿的，因为金子在哪里都会发亮！

第七楼

非名校生无海投、不网申，10分钟秒杀Top公关公司Offer

作者(应届生论坛http://bbs.yingjiesheng.com ID):homeless

七楼 homeless：非名校本科女——苦练一年，成为酒店钢琴师——艰难入行，进入国际 Top 公关公司实习——超越同龄人飞速成长——无海投、不网申，10 分钟秒杀 Top 公关公司

感言：当你超出你老板的预期时，老板回报你的也一定超出你的预期。

我的 Offer 收获

大四一年的海投、网申、笔试、群面、单面、失败出局周而复始，是不是习惯了高考千军万马挤独木桥，找工作我们也惯性地开始又一轮大厮杀？我的大四一年没有海投、网申过，而是踏踏实实地在一家公司实习，一年时间从实习生做的表格到总监做的方案我都做过，因为把细节做到极致超出 leader 预期而被其清华 MBA 老公评论为“这小孩将来不是成大事，就是成大坏人”。而当你超出老板的预期时，老板回报你的也一定超出你的预期，无论是机会还是薪水。

而一年后我凭借这一年的积累和人脉，在去国内最大的公关公司面试时，前两轮面试仅仅用了 10 分钟，第三轮总监面试直接 pass。

谁说一定要千军万马挤独木桥？找工作可以殊途同归！坚持到底，让我们赢在职场的起跑线！

从酒店钢琴师到公关人

年轻就是一切，你敢不敢放弃舒适的生活，从头再来？

如果世上有一种工作轻松、优雅、高薪、接触高端人士，你会说 I Do 吗？我会说，No！大学时候，我和很多同学一样，还未踏入职场，在从小受诸如

《杜拉拉升职记》之类的影视作品影响对职场的黑暗产生了强烈的反感。那时候我唯一的目标就是毕业后成为一名酒店钢琴师，每天只需要身着优雅的晚礼服在大堂弹奏2小时优美的乐曲，就能享受和外企一样的高薪。这份工作几乎干净得与世隔绝，没有斗争、没有枯燥的工作内容，只有高雅的艺术追求，每天出入五星级酒店，还有大把的休闲时间。并且我不得不说这份工作让很多女生期待的元素：一个遇见并嫁给有钱人的机会。

我承认，那时候我真的只想逃避社会，躲在钢琴营造的象牙塔里自我陶醉。于是我开始疯狂地练琴，从大一下半学期开始每天晚上6点下课后奔回家，坚持弹3个小时，周末每天5个小时，寒暑假则经常一坐就是10个小时，用功程度甚至超过音乐学院专业学生每天练习7小时的强度。万事开头难，开始时要纠正童年时的错误指法，并且每天几十遍、几百遍地弹奏枯燥的练习曲，真的很痛苦。但是坚持就会有回报，一年多后，我坐上了酒店大堂的琴凳。如果你问我，当你付出千辛万苦梦想终于实现时是什么感受？是兴奋吗？是自豪吗？不，当新鲜过后，我慢慢开始思考，这份舒适和安逸似乎并不是我想要的。

我看看自己，我才19岁，正是可以疯、可以傻、可以不断试错、可以以很低的成本体会失败的时候。就像大多数人一样选择国企、选择事业单位、选择当公务员，只求有个一辈子安稳的工作，我心中的不安全感让当时的我趋向一份安逸的工作。后来我慢慢意识到，能给我们一辈子保障的并不是一份可以做一辈子的工作，而是我们自己的能力。那时候我在看村上春树的《当我跑步时，我谈些什么》，这是一本改变了我价值观，改变了我一生的书。在书里；我看到村上春树从"闭"到"开"的过程，我想我也可以这样，先别否定外面的世界，哪怕只是去经历一下。有句话说，成功了，叫精彩；失败了，叫经历。就像获得奥斯卡奖的印度电影《贫民窟的百万富翁》中，贾马尔每一段痛苦的人生经历都帮助他答对了一道题。因此，我一直认为，所有的经历都是有价值的。你要知道你的这段经历会在若干年后帮你答对某一道人生的命题。

于是我第一次萌生了想看看这个世界的念头，哪怕只是抱着去经历的态度。我反复跟自己说，年轻就是一切！我开始考虑放弃钢琴师的工作，走出这份纯粹，去看看外面的世界。这对于之前不喜欢和别人接触、不喜欢新鲜事物的我来说，着实是迈出了很大很大的一步。在我下定决心走出去的时候，我有朋友甚至为了这个行业的薪水和舒适，从零开始学钢琴。

当你也身处一个稳定、安逸的环境，你是否有放弃一切、放弃自己不喜欢的专业、放弃目前的舒适工作，从零开始的勇气？后来我去各个大学做求职辅导志愿者，有同学问我，我是 A 专业，虽然眼前有 A 专业工作的机会却觉得不是自己兴趣所在，想做一份 B 专业的工作，又发现没有 B 专业的同学有优势，两难之下踌躇不前。如果你心有所属发现了自己喜欢的行业，我真的想说，just follow your heart！这是很多成功人士的成功之道。就像当年乔布斯说的，你是要卖一辈子糖水，还是要跟我来改变世界？

温水青蛙毕竟还是大多数，能够鼓起勇气放弃一切的人并不多，但是不管结局怎样，至少你尝试过。这样的青春才不会遗憾，这样的青春才叫青春。关于转行后没有优势的尴尬，我下边的经历足以说明这不是问题。

也许有人会问我，那么你这一年多的苦练不就全都白费了吗？你的人生不是走了一条很大的弯路吗？正如我之前所言，我坚信所有的经历都会有价值。这段看似走弯路的人生经历，让我学会了人生非常重要的成功要素：坚持，顶住身边一切反对和阻力，为你的目标全力奋斗。如今，我可以很自豪地说，我坚持了一年多每天练琴 3 小时以上，不论寒暑，并且我很享受为目标全力奋斗的过程。当我决定做钢琴师而练琴时，所有人都反对。家人说你都多大了还学钢琴？朋友说你能坚持得下来吗，你能和那么多专业学生 PK 吗？

我相信同学们都有过深夜里追赶最后一班公交车或地铁的经历，我有几次深夜在西客站等一趟回家的车，当车已经到站停下时我距离车站还有很远一段距离。我心里有很多声音跟我说：你追不上，你跑步那么差，时间根本来不及。但是我发现当我目不转睛地盯着深夜里 3 个深红的数字——694，朝着我的目标努力奔跑的时候，我往往最后成功赶上了车。每个人的精力都是有限的，与其浪费精力质疑自己，不如全心全意只盯着你的目标全力奋斗。

坚持，并且为目标全力奋斗，正是这些看似最基础的素质，让我在日后的实习中得到上苍的眷恋，获得了 leader 的认可，也获得了同龄人不可企及的成长机会。机会真的是给有准备的人的，而有时候你需要准备的不是证书、不是学历、不是英语等这些“硬件”，而是为人处世的这些“软性素质”。

找到人生方向，艰难入行第一步：赢在用心

虽然起了“走出去”的念头，但是大二时真的很迷茫，不知道自己以后想要的方向，更别提了解各个行业。于是我再次问我的心，我想要的工作是不重复的，有创意的，能与很多不同的人打交道，能接触、了解不同的行业，最好还能利用上我喜欢写作的特性。从这个点出发，我先后去了解过市场、猎头、销售等行业。我上网查过基础信息，听过宣讲会，去相关行业培训班咨询过，也参加过一些付费的实习训练营。大三又一次机缘巧合知道有一个公关讲座，我猛地想起一年前在《大学生》杂志上看到的公关专题，翻出来细细阅读后，我第一次感觉对路了。这个行业需要你是个 quick learner，需要和不同媒体和客户打交道，需要有写作能力去写新闻稿、写软文、写策划，需要有创意地去营销产品，有机会尝试做不同行业的不同客户。这一切都是我想要的。当然，我并没有被热情冲昏头，我也对这个行业的弊端做了了解，比如加班强度，比如乙方的痛苦。但是正如后来一位前辈说的，没有100%完美的工作，但是你可以用70%的热情去战胜30%的痛苦。

直到今天，我——一个非名校，不聪明也不漂亮的普通人，从这些社会传统的价值观来看我无法与众多精英相比。但是我唯一自豪的是，我清楚地知道自己想要什么，并且在做自己喜欢的工作。这让我明白了如何找到人生的方向。只有广泛接触你才有机会尝试，只有尝试你才有可能找到你的最爱，大学是人生最好的可以不断试错并调整自己人生方向的阶段。

找到工作方向其实就是三点，第一去了解不同行业（这可以从你感兴趣的行业入手）；第二去反思自己的特点，把这两者去做匹配；第三在大学提供的零成本试错时机中不断排错，并调整自己的方向。你会发现原本模糊的工作方向会像箭靶一样，在不断排错中一圈一圈缩小范围，直到有一天命中靶心寻得所爱。

清楚了方向我又面临一个难题，如何迈出第一步——从学生迈入公司的门槛？就像之前所言，我面临和所有人一样的尴尬，不喜欢本专业——经济，想做公关，却没有专业优势。更糟糕的是大学四年沉迷练琴，完全没有相关实习经历。起初我只是想怎么能多接触这个行业和这个行业的人，于是在搜索、了解行业信息的过程中，我找到了 2 家知名行业网站——17pr 和中国公关网。他们提供付费的讲座，我顿时眼前一亮：机会来了。但由于费用很高，一节课就要几百元，学生很难负担。我于是打 cold call 过去说是否能用为网站工作，比如维护论坛来换取听课的机会。网站工作人员被我打动了，给了我这个机会。我于是第一次坐到了全部是公关人的讲堂里，在那里，我是唯一一个学生。在那里我开始比同样是初入公关圈的实习生对这个行业有了更深的了解，和公关人交流、什么都不懂的我向大家虚心请教。意外的是，真的有人被我这份用心打动了，递给我名片，说我可以去他们公司实习。

这样大约 2 个月后，我开始去一些公关公司面试。一共面了 4 家，2 家国际 top，2 家国内 top。那时候我的英文也不是特别好，但是一直想进入个人最喜欢的 ** 公关。在 HR 的压力面试下，我表现得不是很好。经过 HR、用人组分别面试后，当 HR 告诉我下周一可以过来上班时，那种兴奋，你们懂的。我问 HR，为什么录用我，我自知英文不好、没有实习经历等劣势，让我惊讶的是，HR 说："听了你去给公关网当版主换取听讲座的机会这些事，我觉得你是真的热爱这个行业。"让我通过面试的居然是我这份用心和对行业的真正热爱！热爱并不是你按照面经背出标准答案，但是被 HR 问到公司详细业务细节就无言以对，而是你发自内心地去行动，这种行动是最具有感染力的，被感染的当然也包括 HR。

就这样，我迈进了入行这最艰难的一步。后来实习一周后，我又收到了国际 top 公关公司万博宣伟的 offer，也是因为同样的理由让他们拒绝了一个北大的学生而想要录用我。

总结下我的入行经历，我只是赢在用心。后来很多经历越发让我觉得你能否成功不取决于你的家庭、你的财力、你的容貌等，而是取决于你有多渴望做成这件事。你是否 stay hunger（保持饥渴），当你真的发自内心渴望这件事物，而不是为了家人、社会的价值观去努力（比如高考）时，你会自然而然地去用心思考如何着手，如何杀出一条血路。这就有了一些我们听过的那些给俞敏洪写邮件获得机会的故事。我听过有个女孩为了在海投中让 HR 看到自己的简历，特意用盒子装好快递过去，利用人的好奇心理成功让 HR 看到了简历并获得工作机会。这些都是因为用心。后来在我的工作中，让我与众不同、让我被认可的也是我这份用心。嗨，哥们，其实这真的不难，拿出你们泡妞的决心！各种宿舍下弹吉他、拉小提琴、唱情歌、写情书、做手工等动之以情的浪漫桥段，不都是用心去追求自己所爱，就自然而然有感而发的吗？

相信我，你的人生方向，你理想的工作，值得这样用心去追寻。

初入职场，超越同龄人飞速成长

虽然拿到人生的第一份 Offer，但四年沉溺钢琴的我完全没有工作基础，初入职场连最基本的 office 软件都不会，很影响工作效率。这时，我碰到了我人生第一个 leader，K。她细心地教导我，利用自己下班的时间帮我补课。是她告诉我，作为下级，应该有的 sense 是要帮上级去分担。本着这点，同时也感谢她对我的好，我处处用心工作，连小事也尽量做到超出别人的预期。她也告诉我工作初期养成很多良好的工作习惯，有时候比做什么本身更重要。

在我实习两周时，K 让我核对两张表格，一张是将样机送给媒体评测的计划，一张是目前的完成情况，K 只说把 2 张表对一下。原本很无聊的工作，我在做之前先停下来思考，根据计划对比执行，那估计是要看看未执行的然后去执行。因此我将表格对好后，将剩下没有执行的媒体记者全部联系了一遍（当时这些媒体都是我负责联系，没有越权），根据媒体的选题时间与我们库里的样机情况制定了一张评测计划。我清楚地记得，当我交作业时，K愣了一下，然后她说“好，以后这个项目就交给你来做。”在实习仅仅2周别人都在打杂、复印、做表格时，我开始 lead 我人生的第一个项目。这就是说要前先想楚这件事的原因、目的，然后对症下药。往往当你这样做的时候，你是能够超出别人预期的，而当你超出老板的预期时，老板回报你的也一定超出你的预期，无论是机会还是薪水。而后来我才知道当时我的一些类似这样的举动，被K在清华念 MBA 的老公评论为“这个小孩将来不是成大事，就是成为一个大坏人”。

人生的第一个 leader 太重要了，她不仅会决定你的工作习惯、对工作的态度、同时也可能会让你看到你未来的发展方向。我很庆幸我遇到了K这样一个大好人，她在跳槽离开公司的时候甚至把我推荐给北京区总经理，要知道她完全可以不用这样做。

后来我又遇到了T，一个彻底改变我公关生涯的贵人。当时我处于工作的低潮期，被公司否定，是T在公司想让我离开的时候给了我留下的机会。有一次T跟我说“虽然我不知道我还能保你多久，但是我会尽我所能让你在这段时间多学习东西。”然后在一个周日的下午，他开车带我到公司，在黑板上手把手地教我写下了我人生的第一个公关策划案。当时我们在做一款重量级相机，我清楚地记得，有一天写方案写到夜里11点，当我看到所有的策划点都连成了一条线，每个阶段的传播规划都那么分明时，我告诉自己，这就是我想要的。这个产品让我彻底领悟了如何做方案，而不是生硬地去套模板，也让我彻底爱上了公关这个行业。

一年后，当与我同辈的应届生还不知方案为何物时，我已经能够娴熟地写出漂亮的策划案。这是为了一份漂亮简历，仅仅做一两个月浮在表面的实习就跳槽绝不可能学到的。

后来我越做越上手，效率跟上了，自己的创意也渐渐发挥了出来，直到有一天T跟我说：“你出师了。”要知道，从可能被 fire 到被认可，这个过程，太深刻了。

水到渠成，10 分钟秒杀 Top 公关公司 Offer

后来就有了前面所写的，在毕业时我只投了一家 top 公关公司，2 小时候接到面试电话，我将这一年所学的东西提炼成很简练的语言，10 分钟秒杀 offer。HR 面试及用人组面试合起来一共用了 10 分钟，第三轮总监面试直接免掉。而后来我介绍的应届生朋友过来面试，一面就是两个多小时，我还感叹地说，咱俩面的真的是同一间公司吗？

因为这些深刻的经历，我也深深领悟了感恩。在职场，没有人有义务教你，我们真的应该感谢所有帮助过我们的人，这其中有帮我递了一份简历的师兄师姐、给我们实习机会的 HR、肯教导我们的上司以及在遇到财务、行政等问题时细心为我们解答的同事。

谁说一定要千军万马挤独木桥？找到你认准的行业及公司一头深扎下去，毕业时你的程度早已是同龄人望尘莫及的。是要广挖洞还是要深积粮？坚持到底，让我们赢在职场的起跑线。

网友评论

应届生论坛 ID： http://bbs.yingjiesheng.com	评论内容
wanjj	少有的同龄人冲劲，知道自己想要什么，坚持、热情。勉励自己。
JeanDan	敢想敢做的孩子，你的未来肯定会不一样的。

（续表）

应届生论坛 ID： http://bbs.yingjiesheng.com	评论内容
frankrin	让我想到了第一份工作时的 boss，职场第一个上司真的对自己影响很大。现在脑子里还能想起他的教诲。回想起来真的都很有道理。谢谢楼主的分享，加油加油！
Honora	很有感触！现在即将毕业，跟 LZ 一个样子没有什么实习经历，但是我还没有搞清楚自己想要做什么，不过我发现之所以现在还没有搞清楚就是因为自己没有真正投入热情去调查咨询，总之很受启发，谢谢。P. S. 要是一年前看到这篇文章就好了！
邢子	对的！很想做这一行业，真正热爱这一行业，并为进入这一行业而做出努力，真的很重要！谢谢你！你的文章对我很有启发！

财务专业女硕士的外企、国企工作经历及选择观

作者（应届生论坛http://bbs.yingjiesheng.com ID）：Tovey

八楼 Tovey：非985、非211财务专业硕士女——美企实习，加班无止尽——德企实习，干活多，工资少——毕业进入国企，“水土不服”——四个月后跳槽世界500强

感言：经历过后才知道，什么是最适合自己的。

我的背景：非985、非211学校，无后台、无关系

去年的这个时候，我跟班里同学一样在这里看了很多大家的分享与讨论，也看到很多关于选择外企500强还是国企的帖子，现在我想谈谈我的看法。

先介绍下我的大致情况，本科就读于武汉的一所二类学校，研究生又考到了上海的一所二类学校，总之就是，我不是985也不是211学校的毕业生，同学说我是“千年老二”，家里也没有后台和关系，就跟大多数同学一样。

读研期间我在两家欧美企业实习，一共一年半时间，虽然两家公司的职位方向不同，但是都属于一个专业。

我的外企实习经历

第一家公司是个美企，入驻中国不到10年，还没有被完全本土化，可能也是因为这个原因，公司的待遇没有降下来，即使在外企里也算不错的。公司在淮海路上，那里是标准的高级白领办公区，公司的同事中不乏具有名校老师背景的人，他们对我都还比较好，即使我只是个实习生，可大家并不会因为我的身份而忽视我，并且经常在聚餐中有意无意地向CEO提携我，我很庆幸遇到这种同事。另外，我也很喜欢我的职位，在这份长达10个月的实习中，我觉得我的工作态度和工作方法被培养了起来，可能有同学觉得这个

很虚，但是当你真正有了外企的工作经历，就会明白一个正确的工作态度对人的精神状态会有多大的影响，也是在这份实习中，我对自己的职业规划逐渐清晰起来。总的来讲，这是我第一次跟本专业有关的实习，我很努力地做，也希望有机会能被留用。

不过话说回来，任何公司都有长处和短处。在我看来，这家公司的待遇是不错，可是我们这个专业的人也要经常加班，我的小老板每晚都要加班到10点多，即使招我进来帮她做事，她也没少加班，所以当时我就知道，大工作量是外企的高工资的充分条件。由于公司在中国还处于发展壮大期，所以招人基本都靠猎头，一般不考虑应届生，况且我做的职位是要有3～5年的工作经验才可以得到的，我肯定留不下来。实习快结束时，我被老板推荐到了我的第二家实习公司。

这家公司是个德企，不是全球500强，但是行业内的老大，进入中国已经将近20年，基本被本土化了，公司除了两个大老板是老外，以及发邮件时尽量使用英文之外，给我的感觉有点儿像私企。工资待遇和规范等方面没法跟之前那家相提并论。公司本来要招个全职，由于熟人推荐，公司给了我一个面试的机会，面试通过后决定试用我两个月，如果通过，就等我毕业以后跟我签合同。当时看在可以留用的份上，我拒绝了去通用汽车当实习生的机会。我们经理的用人理念是根据职位选择候选人，不要最好，只要最合适，但是我个人认为，或许她对这个理念执行地有点儿过了。虽然是个外企，整个部门16个人，除了两个经理的英语不错之外，我们部门将近一半的同事都只会Yes/OK/Thanks之类的简单用语，他们大部分学历都不是很有优势，没上过大学，老上海人，基本都是千万富翁，根本不在乎每个月那点儿薪水。如果说他们在英语能力方面的欠缺并没有影响工作，可是当我的直接老板英语水平也不太高的时候，就会有影响了。我每天拿着实习生的工资干着全职的活，也像全职员工一样加班加点，即使我干得再好也只能偶尔获得来自老板精神上的激励，想着即使转正后薪水也并没有多高，我开始考虑跳槽的事，最重要的是，我在这家公司的职位也不再是我感兴趣的。最终，我在这家公司待了6个多月后选择了离开。

然而，这家公司也有值得称赞的一面，它让我把学了5、6年的书本知识与实践结合起来，让我了解了我们这个职业整个的工作流程，事实证明，这对我在后面的公司里工作帮助很大。另外，相比于上一家公司，这家公司的同事更像家人，对我也很照顾。

从第一份实习开始，在外企待了一年半的我觉得身心俱疲，说看透外企也好，说想休息也罢，总之是不想再待在外企，也想像某些进国企的同学那样过过安稳的日子，所以我当时极度地想去国企，然后我开始网申国企的职位。中间我曾差一点儿进了中国的三大运营商之一，经过笔试、面试等几轮，我进入终面，最终没通过，后来才辗转得知，一起进面试的那些竞争对手，不是市政府里谁谁的谁，就是公司老总的谁。不过，现在回想，其实最主要的还是自己能力不够，不能怪客观因素。受家人影响，国企里面我就想进这一家，抱着太大的希望，就演变成更大的失望，所以我回家痛哭了一顿，但是本身性格不算内向，后来也就淡定了，只是每次家人提到这个，心里还是会隐隐作痛。不过我也依然决定这辈子还是要进国企感受一下。

跳槽到国企，又回到外企

今年7月份我从上海毕业后回到武汉，进了一家小国企——两年前从事业单位改制成股份制企业。听老同事说，这家企业在20世纪80年代属于当地最好的单位，可到了90年代就开始衰落，一直到改制以后才有了跳跃式的发展。在这家公司面试的时候，公司老总跟我说，我属于人才引进，以后希望把我培养成部长等级别，只是刚开始的工资并不高，只有我期望工资的一半。不过当时的我一心想着回家、想着要体验下国企的福利到底是有多好，所以我考虑后还是接受了这个offer。之后的一个月，有三家上海的猎头跟我联系，其中一家竟然是LV（原谅我作为女生对这个品牌的盲目崇拜），另一家是我研一时就一直想去的美企，而且还都是我想要的职位，那个时候我只能说我跟他们无缘，其实应该是我能力不够，没让我的简历早点儿入他们的法眼。不过那个时候我突然觉得前两个实习确实对我帮助很大。

在这个小国企里，我的职位仍然跟之前那家德企差不多，所以上手也没太大问题，入职第一个月就成了部门的骨干。其实不是我多厉害，而是公司改制后，留用的一些老员工已无法胜任现在的工作，我们两个年轻人自然得承担起责任。进来之后才发现由于公司的体制仍然没有改变，项目经理还是各干各的，类似于个人承包制，公司的老总们自身也是项目经理，他们大都忙着各自赚钱，无暇顾及我们这些刚入职的大学生，也就谈不上职业规划，等等。另外，这些老员工已到退休年龄，基本上只上半天班，大多是我们年轻人在做事，工作的流程也不规范，很多事情都是靠人情推动，而不是规范的流程，这个时候人就会觉得很累，工作效率也极度缺乏。

这家国企的工作氛围相当轻松，同一部门之间也不存在勾心斗角，领导对我很照顾，真的比家人还要亲，并且仅仅几个月，我明显感觉自己的交际能力得到了一点提升，说话办事也比以前沉稳一些，最让我觉得神奇的是，我能听懂点话外音了。我想进入这家单位也不是没有收获，毕竟社会不是那么单纯，如果我们太单纯，早晚要吃亏。

进入这家公司的第四个月，有家世界500强的企业在武汉招人，职位也正是我想要的那个。因为急着要人，两轮面试加发放offer才用了不到两个星期，这个效率与我现在这家单位形成了鲜明对比，综合考虑后，最终我决定再次回到外企。可能是环境不同，我从外企离职时，并没有太多的愧疚，但是从这家国企离职时，我觉得很对不起我的领导和公司。

经过这次，我的总结是如果我不够幸运，进不了大型垄断国企，就不要认为只要是国企就一定好。话说回来，这些年公务员、事业单位和大型垄断国企貌似已经成为毕业生就业的首选，因为我自身没有体验过，所以不好说什么，只是通过我认识的人去了解，好像也没觉得他们的压力比在外企小，只是压力存在的方式不同吧。

至于外企，我也知道确实比较累，我们的收入肯定是跟付出成正比的，只是我再次选择外企是认为在外企更能凸显我的长处，比如我的英语跟专业知识的结合，而这个在一些小国企是很难有机会用到的。所以，我建议各位同学在选择外企还是国企时，弄清自己到底适合什么样的工作环境。再者，有的同学会说，我在的这家国企每天都很闲，可以有很多时间做自己的事，我刚来时确实也这么认为，可事实证明，当我每天没有考证压力、没有领导的监管时，我80%以上的时间都在看电视、在网上购物或者跟同学聊天，刚开始的时候的确觉得过得很爽，可时间一长，我开始讨厌这样的自己。我自认为我是个自律性不太差的人，可在这种懒散的环境中，我的惰性战胜了自律性。想想之前在外企，白天忙得跟狗一样，但是只要不加班，我回家以后反而更想抓紧时间学习，只在双休日才跟男朋友一起看看电影之类的，觉得过得还很充实，我对这样的自己也很无语。

此外，我想说，我决定回外企之前不是没有犹豫过，作为一个24岁具有传统思想的女性，再过两三年必然面临着结婚生子的问题，我也担心过供职外企会影响我对家庭的照顾，但是我老公告诉我，如果我因为这个原因而放弃这个机会，可能我后面几年都只能干着单调的、我不感兴趣的工作，而且很难再转向我喜欢的那个方向。他说年轻的时候不吃点儿苦，中年的时候会更受苦，谁都不知道将来会发生什么，真到那个时候自然会有出路，只要我的能力在，就不担心将来会找不到合适的工作。我也感慨老人说的一句话：女生嘛，找个好工作不如嫁个好男人。呵呵，好像确实也有道理啊！

大公司、小公司该如何选择

最后一点，关于刚毕业是进大公司还是小公司的选择。最初我也认为进入小公司可以得到全面的锻炼，因为一人承担几个职能，有很大的发挥空间，这也是我的学长学姐们告诉我的，可是怎奈我这个专业基本没有什么可以由自己发挥的空间，因为国家制订了一堆行业规范。当我有了这三家公司的工作经历后，我觉得自己好像走进了一个误区，很多人说进大公司就是当螺丝钉，这是事实，可我们并不笨，即使只干我们职责内的事情，我们也依然可以知道那些大公司在本专业内的流程是什么。年轻人应该多学，等咱们已经掌握了这些东西，才有能力到小公司去自由发挥，当然我这么说只是针对我的专业，其他专业不一定适用。

给部分同学的回复

写了这么多，只是想跟大家分享下我的想法，文中都是个人意见，难免存在偏颇，请海涵，谢谢！以下是针对部分同学的回复汇总：

（1）今天上来发现有很多同学问我的专业，我是学财务的。

（2）有同学说我是炫耀帖，呵呵。其实我的初衷是鼓励众多非 985、非 211 的同学相信自己，相信付出的努力不会让自己失望。想想刚开始实习时，我完全不能适应，实习头一个星期，连续三天加班到晚上 11 点，我在前两个月里嚎啕大哭了三次，呵呵。因为其实我并不牛，并不厉害，只是坚持就好了。

（3）有同学问关于课程和实习的时间安排问题。我们研一上学期基本每天满课，那时完全没想过实习，下学期只有四门课，所以可以保证实习的时间。不过那时学校离市区比较远，走高速换地铁要两个小时，每个星期来回跑也不算轻松，在路上占用了挺多时间，不过我越觉得这个实习占用了我的时间，就越想抓紧时间，所以基本没耽误课程，我导师自然从反对变成鼓励，所以有此顾虑的同学可以不用太担心这个问题，不过最好在实习前跟导师商量一下。

网友评论

应届生论坛 ID：http://bbs.yingjiesheng.com	评论内容
yeahyeahmong	我现在在国企，但是觉得自己有时间能为自己的职业生涯做铺垫，例如晚上和休息日可以看看书，考下证之类的。可能是因为我拿到的 500 强 offer 没有楼主强悍，如果是 LVMH 要我，我也会认真考虑的。

（续表）

应届生论坛 ID：http://bbs. yingjiesheng. com	评论内容
hflwh	写得很好，我原来也在500强企业实习过，现在正面临毕业，看到原来单位职位发来的邀请，我接受了。看了楼主的帖子我觉得我的选择是正确的。
yeadring	我也是在一家500强实习，感觉每个过程都有操作的流程，很详细、很具体。只是要有所长进，还是得看自己的学习意识和坚持。也许我们去一家成熟的外企一开始都是颗螺丝钉，那也无妨，养成一个好的工作习惯和意识，对于以后去外企和国企都有好处。早些看人分享到：外企有个毛病，可能相互之间的沟通会比较少，而国企学到的一些人情世故是外企工作几十年可能都了解不到的，这就要看自己的选择了。趁着年轻，我觉得我们都有必要去外企闯荡下，清楚了再选择也无妨。
flybird-cloria	楼主写得好，很有共鸣，我是一名工科的小硕，也是个闲不住的人，喜欢挑战和富有激情的工作，在懒散的环境中，就完全没有自律性了，上网打游戏，完全不干正事，喜欢充实忙碌的生活。
langlangbinbin	楼主的肺腑之言啊，谢谢分享！我是一名研究生，由于上学晚，毕业就二十七岁了，不得不考虑女生最传统的问题，生孩子。所以也在纠结进国企还是外企，进外企，肯定没什么时间照顾家庭；进国企，自己又不甘心一辈子这样清闲地度过，哎，愁啊愁。

第九楼

非牛人非牛校的
非正常留学工作经历

作者(应届生论坛http://bbs.yingjiesheng.com ID):apple1233321

九楼 apple123321：二流大学理科硕士——电话求职，自制 PPT 简历——三次无缘实习，第四次顺利进入某大牛公司资产管理部（实习转正）

感言：要做事，先做人。

“名不正、言不顺”的出国经历

本人是国内一个二流大学的理科硕士，为人还算勤奋，说不上聪明。抓住一个国际交流的机会，出了国。由于没有经过 GRE、雅思之类的训练，我刚出来那会英语很差。用我朋友的话说你这国出得：名不正，言不顺。幸运的是我来到的这个机构的任务之一是国际科学交流，也就是说有很多的国际会议，既然是国际会议，语言自然是英语。于是在开始一段时间里，我几乎参加了所有的会议，经过了 6 个月左右的洗礼总算可以和老外进行正常对话了。

后来获得了一个机会进入了一个博士项目，也获得了奖学金，导师就是我所在的这个机构的 direct。天意弄人，期间出了点状况，我决定放弃博士学位开始工作。

我的另类求职经历

我很清楚自己的劣势，也很清楚自己的优势。我在读博士第一年的时候通过了一个国际金融证书所有级别的考试，限于经验要求我无法获得证书；由于学的是理科，我的编程还可以；出国的三年里面也学会了使用 Linux。我知道，直接找工作几乎没有可能。我能做的就是先找实习，然后争取留下来。我没有走实习生申请的正常流程：网申。我直接把我感兴趣的公司列了一个表，然后挨个打电话过去。这里有个经验，很多公司网页上只有前台的电话，如果你打到前台，前台一般不会把你的电话转给人事部门，但是你叫他转销售部门，她一定会转。于是当销售部门有人提起电话回答时，我就先问，是人事部门吗？回答当然不是，于是我要求他给我转一下人事部门，基本上能成！

联系了二十几家公司，拿到四个机会。第一个是一个本地投行，他们需要一个实习能源分析师，后来说我不适合他们。第二个是一个大的 PE，给了面试机会，原因是我是第一个打电话去找实习的，他们想见见我，面试的时候一个问题都没有问，直接让我做了一套 GMAT 试题。最后跟我说，你数理不错，但是语言（写作部分）不是很好，等你语言训练过关了你会有更好的机会。我失败两次后，开始反思自己的问题，我重新制作了简历，而且没有按照正常的简历模板去做。我写了一个 PPT 文件，名字就叫"what can I do?"我列出了自己能做的事情，并附上了相关的文件和程序。第三家公司还是一个 PE，他们倒是要我了，但是我没去，因为这是个家族公司，既想让我干活，又不想把我变成正式工。期间我也联系过高盛在当地的办公室，一个助手要了我的一份简历，后来我再次打电话过去的时候，他们的经理问我："你语言怎么样？"当然是不怎么样，所以高盛没有去成。最后一个也就是我最后进去实习的公司。由于语言关系，我被分到到资产管理部门，因为不必直接面对客户。

我用上述方法联系上了这个公司的 HR，她要了一份"What can I do"，两周后通知我，资产管理部门的一个组合经理对我的简历比较感兴趣，问我是否愿意接受资管部门的面试，我说愿意。挂断电话，上网一查，这家公司的资产管理部门在世界上也算赫赫有名。当时面试持续了 2 个多小时，第一个面试官是资产管理部门的资深投资组合经理，我很幸运，我考的那个证书正好是他正在考的，于是我们聊了很多关于那个证书的话题。然后他让我展示了我在"What can I do?"那个文件中列出的关于资产组合配置的一些计算。第二个是人事经理，一位很好的女士，她详细了解了我的个人情况。最后是风控部门的头，我们聊了一些关于投资组合风险度量的话题，感谢上帝，我正好在准备再拿一个金融风险控制方向的证书，也已经行动起来了，所以相关的知识总算也能说上个1、2、3来。最后出来的时候，我已经感觉到我握住机会的门把手了，果然，一周后我收到通知，他们会为我安排一个实习计划。因为到目前为止，我是当地第一个被招进他们资管部门实习的实习生。

我的实习转正经历及心得体会：要做事，先做人

实习开始了，因为我的目标是要最后留下来，所以我做了以下一些事情。

(1) 解决小但是对大家重要的问题。

我去之前他们有一类金融衍生品交易得很频繁，但是工具不是很犀利，我后来用VBA写了个简单易用的插件，能嵌入Excel，给小组带来了极大的便利。

(2) 没事找事。

每天看中国的新闻，选择重要的内容记录下来，在每天公司早饭时和经理汇报交流。

(3) 集体行动。

大家去中国餐厅的时候，我一般是不想去的，贵不说，味道还不地道，但是我每次都去，去了主要是和大家聊天，借机拉近关系。

(4) 做事尽量全面。

比如经理让我查一个年份的数据，我就查前后10年的数据，然后把数据的对比效果也放在一起，方便他下次检索。

(5) 小心越界。

我曾经被另一个部门喊去解决一个问题，经理知道了之后，有点不太开心，我以后就留了一个心眼，每次不是自己部门事情，先报告，经理同意就去，不同意，坚决不去。

(6) 最重要的,要耐得住寂寞。

说起来你可能不信,前三个月我和带我的组合经理交流的时间加起来不会超过 30 个小时,要知道我们一天可是要工作 11～12 个小时,这十几个小时我们都是在一个办公室里。最后他自己不好意思了,主动跟我说以后每天下午要指导我一下。也是他!最后高升去自营交易部门的时候,向公司的 CIO 推荐把我留下来。我亲眼看到,其他部门招人多数是内部推荐,只有内部推荐找不到合适的,才考虑从外面招聘。所以没有他的推荐,没有部门其他成员的积极反馈(集体行动绝对增进感情),我可能留不下来,最后 HR 跟我说,"因为大家都很喜欢你,所以我们要把你留下来。"HR 没有提到其他原因,什么聪明啊,能力强啊等。要做事,先做人,我自从自己经历过这些以后,才相信这句话是真的有道理。

网友评论

应届生论坛 ID: http://bbs.yingjiesheng.com	评论内容
lookfun	说得很平淡,但做起来需要多少努力和适当的选择判断以及对时局的把握!对于也想出国的还非常草根的我,楼主绝对是我奋斗的指南针!感谢楼主的阅历分享!
daisydq26	楼主很有心机,我觉得很有用,不知道按照楼主的办法是否能在我身上奏效,不过我愿意一试!
过来人 2011	里面有一招很受用,就是先打电话去前台问销售部的电话,再向销售部要人事部的电话。
cloud2182	你很勤奋,脑子也很好使,有眼力见儿,得向你学习啊。
凌浪飞心	我觉得楼主对自己认识得很清楚,所以很有目标地去做事情,这样的准备加上好的态度和努力,不成功只能说时不利人。

第十楼

宝洁求职经验：实力＋努力＋运气＝满意求职

作者（应届生论坛http://bbs.yingjiesheng.com ID)：匿名

十楼匿名:“面试中的战斗机”。化学专业本科、人力资源硕士,顺利拿到宝洁 offer

感言:实力+努力+运气=满意求职。

满意求职的定义

位卑则言轻。对于求职有很多自己的感想,一直想和大家讨论分享,但是没有满意的归宿就很难有心情去分享,所言也难以得到认同。我最终拿到了满意的宝洁 offer,为了感谢应届生论坛(http://bbs.yingjiesheng.com)给我带来的帮助,同时延续发面经攒人品的传统,让以后的求职者对公司、对面试有更多的了解,我决定写下自己在求职道路中的所有感想,与大家共勉。

在求职之路上,我付出了很多,经历了很多,也收获了很多。这些体会和收获不一定绝对正确,但是至少于现在、于我是合适的。

关于满意求职,我总结的一句话是:实力+努力+运气=满意求职。

职业定位及求职实力分析

对实力的讨论是融于职业定位中的,所以这块主要写一些我对职业定位的理解和看法。

第一份工作是自己职业生涯的起点,如果有一个好的平台,后续会得到很好的发展,如果第一份工作不如意,则会让我们的职业发展大打折扣,结果要么是几年不如意的生活让我们对工作麻木、失去激情,要么是以后跳槽变动成本更高。所以,在开始求职之前,最重要的是职业定位:基于对自己的深入分析,选择合适的目标企业。如果没有正确的定位,找工作就只能是瞎猫碰死老鼠了，运气好，能撞见跟自己能力匹配的，运气不好也就随便将自己卖了，当然前者的可能性也很小。清晰的职业定位能够帮助我们事半功倍，以最高的效率实现最大化价值的职业目标。

职业定位源于自我分析，没有对自己的了解，就无法清晰地求职。自我分析的核心是自身实力的分析：知道自己的优势在哪里，清楚自己在竞争群体中的竞争地位。自我分析之后，我们要结合对自身的认识，进一步去了解行业和岗位。有的人想做营销，有的人想做技术，在同一类型的岗位中还有不同的行业选择，我们需要明白自己想从事的行业和岗位。所以职业定位最终的目的是：基于自我实力分析和对行业及岗位的了解，选择合适的行业和岗位，罗列自己喜欢并相信通过努力能够进入的企业。

实力分析主要包括三个方面：专业背景、相关经历、个性特征。面试官在选人时无非是看你是否具有相关的专业知识，你的过往经历能否体现你的专业技能，你的个性特征与企业是否匹配，是否喜欢所选择的岗位。

专业背景对应的是行业选择。在实际的求职中，因为专业背景的不同，我们的选择机会也不同，同时，专业背景也是我们每个人的壁垒优势。比如说，一个学 HR 的去和一个学营销的人竞争销售岗位，如果前者不具备足够的相关营销经历，即使是在营销方面极有潜能，他也无法与后者去竞争，因为他没有现成的素材向面试官证明自己。当然，这里需要提及的一点是，外企招聘要求中“专业不限”的可信度远远高于私企和国企。外企更多时候考核的是一个人的综合素质和其将来的发展潜力，但是私企和国企因为招聘水平有限，只能通过你的专业背景和过往相关经历来看你是否胜任该岗位。所以如果你喜爱你的专业，打算从事你的专业，那你很幸运，获得面试的机会将远远大于其他人。如果你因为各种原因，打算转行，仅凭专业背景一栏，你就会被很多企业拒之门外了。

在每个行业中，企业有坏有好，大家都想进尽可能好的企业。对企业而言，都想招聘尽可能好的人才。相互选择的结果是合适的人进入合适的企业。所以在了解自己的实力后，选择合适的企业，能够减少我们的无用功。举个夸张的例子，一个基本无法开口讲英语的人打算进美孚这样全英文面试的企业，我相信即使他非常非常努力去准备，最终也只是徒劳了。个人的实力将主要通过自己以往的相关经历来展现，当然你面试时的言行举止也是你综合实力的体现，所以也会有面试官看眼缘几分钟就决定是否要一个人之说了。打算从事销售工作，曾经的销售经历将使你脱颖而出；想从事研发工作，以往做的横向课题和纵向课题会很好地证明你的研发能力。所以我们需要通过对自己过去相关经历的分析，清楚与同类竞争者相比，自身实力的百分位在哪里，继而选择相应的企业。

最后谈个性特征的分析是因为各种现实问题，我们并不一定能够真正知道自己的职业兴趣，即使真正知道了也并不一定能够如愿选择。很多事情不亲自去尝试，只是凭空想象，认知结果很容易与现实情况出现偏差。我本科毕业后放弃了学化学，因为对人的发展问题感兴趣，所以选择读 HR 的研究生，以为喜欢从事 HR 工作，但是实际去参与后，发现根本不喜欢。后来觉得自己喜欢销售的工作，但是因为缺乏相关经历，所以找工作时总是碰壁，很多企业完全不给面试机会，当然这也可以理解，企业的选择很多，我并没有现成的素材证明我的能力。能够找到最喜欢的同时也是自己擅长、有竞争力的岗位和企业固然是件美事，但是如果不能全部如意，我们就应该在前面的专业背景和相关经历分析之后，再看看自己喜欢什么，然后做出选择。

在自我实力分析中，也贯穿着对行业和岗位的了解。很多时候，因为信息不对称，我们无法全面了解行业和岗位的情况。所以我们需要尽可能通过以往的师兄师姐以及网络信息来了解自己所要求职的企业。现在网络这么发达，如果聚焦一下，很多行业还是容易了解的。

知己知彼，百战百胜，在分析自我实力和了解行业岗位之后，我们心底都会存在一系列的企业。如果前期分析到位，我们可以按照自我实力和企业的好坏两个维度将这些企业分为四类。

四类企业分析及我的目标求职企业

如果企业的要求和自己的实力差不多，通过努力能够加入该企业，那么这类企业是“目标企业”，是我们要重点关注和努力的。如果我们期望更高，希望进入更好的企业，寄希望于运气帮助自己成功，那么我们可以将这类要求更高的企业定义为“运气企业”。以前看到一篇关于美孚的面经，主角并不是一个很强的人，美孚对他而言，要求超过了他自身的实力，但是因为运气，面试过程中没有碰到强劲的竞争对手，所以最后也应聘上了。这是小概率事件，这种“运气企业”我们可以尝试，但是不是我们关注的重点，要是将所有精力都放在这一块去博，那么最后很有可能连“目标企业”也要泡汤了。第三类企业是我们不需要花太多时间去准备就可以搞定，同时也愿意去的企业，这类企业可以当作“保底企业”。要是“目标企业”失败了，我们可以在后期选择“保底企业”作为最后归宿。还有一类是你完全看不上、一点也不感冒的企业，这类企业可以定义为“淘汰企业”。虽然我们偶尔会打打酱油，但是这种酱油还是不打为好，把时间节省下来多休息下，把机会让给其他合适的人吧。

找工作是非常辛苦的，每个人的精力也有限，在求职过程中，我们需要将大部分精力倾注在“目标企业”上；如果你是个愿意拼搏、愿意付出的人，你可以尝试一下“运气企业”；如果你担心太多，不愿意冒太多风险，那么你还可以考虑“保底企业”。

就我自己而言，在前期求职过程中，我将精力放在了“目标企业”和“运气企业”上。实际上，因为我想转行，所以“目标企业”这块有点杂。销售方面的目标就是宝洁、沙特基础工业公司、高露洁，其他私企和国企销售太看重专业背景，不是我考虑的对象。HR 这块，因为我觉得自己在应聘 HR 方面还是很有竞争力的，所以主要定位于房地产中的较好的一些企业，如保利、中海、金地这样的公司。“运气企业”方面，我开始时撒网比较宽，尝试了像美孚、玛氏、百威英博这样的企业，他们不仅对个人能力要求比较高，在面试时对英语的考核也很多，这一块对我而言，成功的概率比较低，只能是碰运气了。再后来，因为感觉“运气企业”付出与回报比太低了，以玛氏为例，我在做网申时就花了很多个晚上去讨论如何填写开放性问题，好不容易网申通过了，下阶段的能力测试又难得一塌糊涂，所以干脆就放弃了。其他几个“运气企业”后来也相继觉得不值而放弃了。“目标企业”这块我投入最多，排除运气比较差的情况，产出也基本对应。我在面试沙特基础前准备了很多，最后也如愿完成了所有面试环节，房地产企业中给面试机会的也都感觉挺好的。在整个求职过程中，虽然心里对"目标企业"也没有太大的底，但是"保底企业"的酱油并不多，我的策略是有机会面试就去面了，不会额外花时间准备。在华为做 HR 挺好的，但是与我的职业意愿不符，所以我只是将其作为"保底企业"了，当然因为今年华为招聘早，毁约难，所以最后也放弃了这个"底"。至于"淘汰企业"的酱油，我基本没去打，也没有太多可说的了。

我所总结的宝洁对人才的选择标准

一个公司是否录用你取决于你表现出来的能力和素质。能力和素质也就是上文说的实力，是一种长期的积累，这是无法伪装或单纯靠表现来获得的。所以在找工作之前，你以往人生的积累决定了你能进什么样的企业，这些基本上是定数。但是能不能进，最后具体进了哪个企业则要靠找工作时的努力了，也就是通过各方面的努力将自己以往所有的积累以面试官最喜欢的方式展现出来。

这里我通过自己的宝洁求职之路来说明找工作时努力的重要性。整个求职之路的努力包括了前文所说的职业定位，这一节要谈论的努力主要是指具体企业面试时所需要做的工作。

很多企业的宣讲会都会谈企业文化、价值观，不可否认有些企业只是装模作样，并没有太多文化和价值观可言，但是正规的企业经过长期的发展，这些看似很虚的东西在企业都是实际存在的。物以类聚，人以群分，企业希望招到与公司文化、价值观相匹配的员工，这也是真实的。华为强调狼性文化，所以你面试时要是能够展现自己不怕苦、不怕累、踏实勤奋的一面，自然面试官就会觉得你进入公司后能够适应工作的重压，会更加青睐于你了。

我在准备宝洁的面试时，宝洁在华科总共有四场宣讲或交流会，我参加了三场，分别是 CBD 正式宣讲、PS 小范围交流会、CBD 小范围交流会，以往对宝洁也比较关注，有一定的研究，所以我内心里对宝洁需要什么样的人有非常清晰的认识。这里附上当时我所整理的资料——“宝洁对人才的要求”：

■ **宝洁选人核心(PVP & Success Drivers)**

PVP是指Purpose、Value、Principles，文化及选人的核心。

5 Elements Of PVP：Integrity、Trust、Leadership、Ownership、Passion for Winning。

因此对于宝洁问题的回答是有规律可循的：

- Integrity：宝洁要求员工有很高的职业道德和职业修养。
- Trust：从举例中体现出作为leader以及团队合作的时候对他人的信任。
- Leadership：本文后续会阐述。
- Ownership：希望把公司看成自己的家，宝洁公司看重内部提拔，高管都是内部的，因此loyalty非常重要，例子：在社团时，有更好的社团邀请我任职，但是我没去。
- Passion for Winning：对胜利的渴望，阐述例子的时候，要流露激情，不需要太cool、太冷静。

Success drivers是宝洁认为一个人在宝洁成功的必备素质，包含三个方面：Power of Mind；Power of People；Power of Ability。这是宝洁对内部员工的模范要求，也是面试的guideline。这样可以更好地把握面试官问题背后想要了解的方面，更有针对性地去准备。

- Power of Mind

Think And Act Decisively：

问题：举例说明如何通过逻辑思考分析来解决遇到的困难。

(1) 运用知识，结合到思维中。

(2) 问题分析能力，数据分析风险趋势(逻辑性强)。

(3) 自己的判断及解决问题的能力。

回答问题就按照以上三点来回答。

Leverage Mastery，运用专长的意思：

问题：请举例说明如何运用专长解决生活中的问题（希望员工掌握专长，但同时能收集、听取别人的意见，不独裁）。

（1）运用专长。

（2）听取意见，如何通过合作，扬长避短。

Innovates and Reapplies，从无到有的创造继承和创新，避免研发的高成本：

问题：举一个通过创造性思维解决问题的例子。

从以上两点出发，例如把别的协会的创新嫁接到本协会，宝洁看重创新带来的效果，但不是为了创新而创新。

● Power of People

Leads：

（1）设定清晰的目标，团队高效合作的关键。

（2）激励团队，怎么让你的队员更开心地工作，激励队员，促进磨合等，例如：team build，吃饭，在干活前旅游一次。

（3）发挥团队中的个人专长，让合适的人做合适的事，例如：在组织一次晚会时，如何发挥个人专长，是面试官想听到的。

（4）怎么样有效地执行和危机处理。

Build Diverse，Collaborative Relationships：

（1）团队合作，win-win，例如：leader 让你做宣传，你不愿意怎么办？应该和 leader 说愿意做宣传，同时也申请一个自己感兴趣的任务。

（2）站在别人的立场考虑问题，尊重他人。

Grows Capability，学习能力：

在学习和生活中不断地学习的能力，帮助别人发掘潜力。

● Power of Ability

In touch，亲和力：

（1）懂得倾听和理解（在小组讨论的时候）。

（2）有自知之明，尊重和学习别人对的地方，弥补不足。

Embrace changes：

（1）能够拥抱变化，在必要的时候造成改变，提出改进。

(2) 灵活性，根据环境的变化做出改变，适应改变。

问题：举例如何改变环境更好地完成项目。

Operates with Disciplines：

(1) 结果导向，即每做一件事都要想清楚原因，并对结果做出预测。Why & So what?

(2) 做事情都有较高的道德标准。

(3) 对事情根据轻重缓急做出优先处理。

宝洁招聘人才的七个标准：

(1) 强烈的进取心——克服困难，完成工作。宝洁人都具有极强的主动性，坚韧不拔、独立自主地以极大的热情做好自己的工作。

(2) 卓越的领导才能——领导及激励别人。宝洁人与同事有良好的工作关系，并努力帮助部属发挥他们的潜力。

(3) 较强的表达交流能力——简明而有说服力地表达自己的观点。在对别人具有影响力的同时，宝洁人也善于以客观、开放的态度吸取别人的建议、反馈。

(4) 较强的分析能力——全面思考工作中的问题，并得出合理的结论。因为宝洁人具有较高的才智，他们能对瞬息万变的商业竞争及时作出反应。

(5) 创造性——发现新的思想方法、新的工作方法及达到某个目标的最佳途径。我们经常会面临前所未有的变化，只有更富有创造性地工作，旨在向一些基本的假设、传统的观念提出挑战，才能驾驭它。

(6) 优秀的合作精神——成功地领导一个集体以取得最佳成果。宝洁人懂得如何激发热情从而在工作中最好地发挥个人及集体的作用。

(7) 正直的人格——按照宝洁的"公司信条"来工作。我们在每天的工作中都努力遵循诚实和正直的原则。

建议大家无论在面试、笔试的过程中，都要尽量发挥自己这几个方面的优势和潜力，面试中出现的题目，大家会发现，大多都是围绕这几个方面的能力进行讨论的。

宝洁对员工素质的要求依次为：领导能力，承担风险的能力，团队精神和创新能力。我在面试时不仅仅讲述事情的经过，更向面试官讲述我在组织整个活动过程中心理上所经受的种种考验，我坦白地告诉他我在面对难题时的困惑，在压力下的恐惧，在抉择前的徘徊以及在做出决定前的激烈的思想斗争。没有人是天生的“领导者”，我从心理角度对自己过往经历的剖析使面试官对我感同身受，让他深刻体会了我“决策者的思想”，更让他理解了我是怎样从“一个站在大家面前说话都会紧张的大一新生”成长为“可以独当一面、从容镇定、坚定有力的 leader”。

自我剖析及三类面试总结

这些内容看起来确实很多、很杂，只是看文字也很难去区别这些抽象的概念，不过加上听宣讲会，你可以对企业文化有个整体的了解，最后聚焦于自己应聘岗位的能力要求。

经过前期的研究和准备，我对自己所应聘的 CBD 的能力要求也就牢记在心了：

(1) Strong Of Leadership：已经具备(团支书、三部、主席、篮球队长、英语角)。

(2) Strategic Thinking：已经具备(篮球比赛、心里话活动、竞选主席、邀请嘉宾)。

(3) Passion For Winning：已经具备(篮球场、考研)。

(4) Embrace Change：已经具备(跨专业考研、找工作拒掉华为 offer)。

(5) Operates With Discipline：已经具备(本科长跑)。

对于每项能力，我都思考了自己是否已经具备，如果是，就罗列相应的事例去证明；当然如果分析的结果是不具备，那这类企业只能转变成“运气企业”了。

也许有人会说，一个宝洁至于这么复杂吗。我想说，如果你不看重这个企业，对她没兴趣，那么你可以不管这么多，只去打个酱油。如果你觉得足够牛，有很多丰富、有说服力的经历去跟面试官侃，OK，你也不必搞得这么复杂。对于我而言，希望加入宝洁同时并非大牛，所以只能是有备无患了。

对公司前期的研究是必要的，但不是努力的重点。努力的重点是针对这些前期的研究，你如何最好地展现自己的实力。这一块，我花了大量的时间去准备。

我将目前企业的面试总结为三类：背景调查法、临场发挥法、群面或案例分析法。背景调查法是大部分企业或多或少都会用到的，问你做了什么事情，从而判断你是否具备相应的能力。但是只用背景调查法并且用到炉火纯青的公司，据我了解，只有宝洁。在宝洁的面试中，基本不问你过往经历之外的问题，而是仔细了解你过去做了什么事情，遇到什么困难，如何解决，取得了什么样的效果。因为问得很细致，而且面试官的水平很高，所以如果你撒谎编造故事，或者你解决问题的方案不能体现你的能力，这些面试官都能够判断出来。宝洁的面试看似简单，一轮 1vs1 的面试，一轮 3vs1 的面试，没有令很多人头疼的群面，但是她能够很好地区分应聘者的素质，为公司招到合适的人才。所谓临场发挥法，主要是通过现场对话、谈论各种问题来判断应聘者的素质。这类面试我个人认为是存在缺陷的，因为有些人可能实际业务能力很强，但是并不善于交流表现自己，那么他就会失去很多机会。很多企业背景调查法的水平并不像宝洁那样高，无法通过过往事例充分判断一个人，所以会随意聊些问题，通过主观感觉来判断是否录取应聘者。关于群面，更加令很多人闻之色变，主要是群面的误差太大，冤死的很多。我自己就是很好的一例，华为群面时，我是 leader，全组小组讨论非常漂亮，大家全部通过了，但是到了 GE 医疗的面试时，我做了一次非常失败的 leader，面试官当场就说我被淘汰了。所以用群面来选人，可以考察一定的素质，但主要是外在素质，还有一定运气成分，通过的人一般表达能力都不错，但是很多很优秀的人可能会因为程序不公、运气不好而被淘汰。还有一种面试形式，也就是 1vs1 的案例分析，一般企业用得很少，只有顶尖级的咨询公司在招聘时会采取这种形式。但是去熟悉和了解咨询公司面试所采用的案例分析，可以拓宽自己分析问题的思路和视野，能够很好地帮助参与其他公司群面中的案例分析。

我应聘宝洁 CBD 部门的八大准备步骤

回到宝洁的面试，在了解它的面试形式后，我做了大量的准备工作。

首先，整理过往经历。像诸多面经写的一样，我整理了本科和研究生阶段所有有价值的经历，回忆补充了其中遗忘的细节，并用在 word 中以 STAR 法则描述了当时的故事。这一块中，为了全面再现我当时的经历，我查找了以往做活动的重要文档，直接以文件形式粘贴在每个故事的相应地方，以方便随时查看细节。

第二步是系统研究了宝洁八大问。很久以前就知道了八大问，但是每一问看下来并没有太多的感觉，说来说去都是那些，无法细致理解八大问背后的考核点。后来看了《应届生快速消费品行业求职全攻略》一书的讲解（购买网址：http://vip.yingjiesheng.com/newbook/），我对八大问有了很好的把握。具体详情如下：

(1) 请你举一个具体的例子，说明你给自己确定了一个很高的目标，然后达到这个目标。（Think and Act Decisively）

问题分析：这个问题考察应聘者制定的勇气及完成高目标的执行力。关键词：demanding goal、saw it through。

回答范例：记住，采用“What + STAR + Key Words 法则”来回答。

(2) 请举例说明你在一项团队活动中如何团结他人，并且起到领导者的作用，带领团队最终获得有希望的结果。（Leadership, Passion to Win）

问题分析：这个问题实质上是考察应聘者的领导能力。其关键词有：take the initiative, get others to complete, leading role。所以在描述的时候要重点描述自己如何吸引他人的参与，团结并鼓励他人，带领团队达到目标这个过程。

(3) 请你描述一种情形，在这种情形中你必须去寻找相关的信息，发现关键的问题并且自己决定依照一些步骤来获得期望的结果。（Think and

Act Decisively)

问题分析：这个问题考察应聘者的分析能力、判断能力及决策力。关键词为：seek out relevant information，define key issues，decide on the steps。面试官实质上是希望了解你分析处理一件事情的全过程，与上一个题目考察如何争取别人的协助是完全不同的。所以，你在描述的时候应该把描述的重点放在你做的整个事情上，而不是和什么人一起做。

(4) 请你举一个例子说明你是怎样通过事实来说服别人的。(Integrity，Commitment)

问题分析：这个问题考察应聘者以事实说服他人的能力。关键词：facts，secure agreement。对于这个问题的回答应该直截了当，先将不同的意见以及其他人不同意的理由罗列出来，然后逐条以事实来说服他人。

(5) 请你举一个例子，说明在完成一项重要任务时，你是怎样和他人进行有效合作的。(Teamwork)

问题分析：这个问题的实质是考察应聘者的团队合作能力。关键词：worked effectively with people。在回答这道问题时，建议从"我做了什么"和"别人做了什么"两个角度来描述。

(6) 请你举一个例子，说明你的一个有创意的建议曾经对一项计划的成功起到了重要的作用。(Innovation)

问题分析：这个问题的实质是考察应聘者的创新能力。关键词：creative idea，significantly contributed。回答这个问题时应将描述重点放在你的创新意识、创新依据、有了创新的想法之后如何去实现以及这个创新想法起到的作用上。

(7) 请你举一个具体的例子，说明你是怎样对你所处的环境进行评估的，并且能将注意力集中于最重要的事情上以便获得你所期望的结果。(Think and Act Decisively)

问题分析：这个问题考察的是应聘者分析事情和找到问题关键点的能力。关键词为：assesse a situation，focus on the priorities。在回答这个问题时应该将重点放在处理事情的分析过程上。

(8) 请你举一个具体的例子，说明你是怎样学习一门技能并且怎样将它

应用于实际工作中。(Self-learning)

问题分析:这个问题的实质是考察应聘者的学习能力。关键词为:convert technical sills to practical application。在回答这个问题时,应将重点放在获得新技能的过程、方法及将其应用于实际工作的过程上。

第三步是模拟面试。有时候,虽然你大脑里有很多想法、很多话,你自己感觉良好,但是当你真正要说时,你会发现实际的表达会有诸多问题。为了帮助我们更好地述说以往的经历,我和应聘宝洁CBD部门的另外两位朋友进行了相互的模拟面试。模拟面试是非常有效果的,自己之前准备的事例很多、很杂,有些例子我觉得非常好,但是其他人听来却不是那么有说服力,甚至是为自己减分的。所以模拟面试帮助我们筛选了经历。另外,在模拟面试中,我们会相互提出对方讲故事时存在的问题。比如有时候,我们讲完一个故事,听者觉得很平淡,什么体会都没有,但是当讲故事的人直接说出故事中体现的素质时,听者才觉得有那么回事。所以我们要学会讲故事,学会把故事中能够体现自己能力的亮点展现给面试官。毕竟面试的时间非常有限,面试中你又不能直接告诉面试官你觉得你具备了怎样的能力。经过这次训练后,我们学会了如何从听者的角度去陈述故事。

第四步依旧是模拟面试。第三步的训练主要是针对宝洁CBD部门的面试,而且大家对CBD面试非常了解,所以提问的角度有局限性。为了扩展自己对各种问题的应对能力,我邀请了另外三名朋友对我进行面试。这次训练对我帮助非常大,之前一直关注的是如何讲故事,很多其他的细节都没有注意到。在这次面试中,一方面,我学会了更好地应对一些临场发挥的问题;另一方面,也改掉了我讲话中的一些不好的习惯。以往讲话时,我的口头禅特别多,说什么话都喜欢加上“可能”,其实大部分时候就是讲一个客观事实,结果我习惯加上“可能”两个字,这样反而降低了故事的可信度,而且会让面试官不舒服。我在回答问题的过程中,每当面试官抛出问题,我就马上说话,不管想没想好,因为我觉得停顿可能会不好。但是朋友告诉我这样很不好,不经过思考马上回答问题,就会导致废话很多,稀释了有用的信息,而且因为前面没有想好,后期说到一半时,思路容易断,这时候停顿的话会很不自然。所以在以后回答问题时,一方面要提前准备充分,另一方面在遇到突发性问题时，我会先思考一会，然后再回答。尽量少讲废话，以最精炼的内容针对性地回答面试官的问题。在这个阶段中，我还让一名朋友看了我用文字描述的故事，让她帮助完善故事的描述。

第五步是让宝洁的朋友对我进行简单面试并给予意见。本来之前经过前几轮的训练，我觉得自己已经准备得非常完善了，但是没想到这次宝洁朋友的面试，让我倍受打击，自己要大幅度改进的地方依旧存在。在第三步的模拟面试中，我们对于回答问题的思路进行了一定的讨论，达成了一个初步的意向：遵循但并不是严格依照 STAR 法则简单讲述故事，在讲故事中，留有一定的伏笔，让面试官听完故事后提问，然后进一步陈述故事中的亮点，也就是说回答问题时要像剥洋葱一样，一层层地展现自己，而不是一股脑将自己要说的话全部抛给面试官，让面试官去分析。对于这样的讲故事的思路，之前我一直保有疑问：万一在第一遍故事陈述中，伏笔没有引起面试官注意，万一面试官不提问，那岂不是自己的亮点都没有展现出来。在这次与朋友的交流过程中，我深深意识到之前所认为的讲故事思路的愚蠢之极，把简单问题弄复杂了，面试时间非常有限，我们需要做的就是以简洁的方式尽快抛出自己所有的有针对性的亮点，因为是亮点，所以会进一步引起面试官的注意，然后才会有相关进一步交流的基础。这次的训练又使我的讲故事的水平提高了一个层次，我相信这种讲话的思路在以后的生活中也是非常受益的。最后形成的讲故事的思路非常简单有效：先用 10 秒钟告诉面试官是件什么事情，然后按照时间顺序，讲述自己是怎样完成整件工作的。讲述的关键是自己完成事情的过程、遇到什么困难、如何思考、怎么解决的。

第六步是提炼经历，浓缩自己。经过前面几轮的训练，基本上该准备的素材我都准备了，讲话的思路和表现方式也有了很大的改进。但是内容太全，缺乏重点，而且面试时能够按计划展现的只能是自己的重点故事，对于其他可能发生的情况只能是根据前期的准备资料临场发挥了。经过最后的思考沉淀，我针对宝洁八大问罗列了自己的重要经历，这里也附上当时针对各个问题的具体 Case，其中第一到八的问题为宝洁面试经典八大问题，第九、十两个问题为我单独总结的应聘宝洁必须准备的另外两个问题：

(1) 请你举一个具体的例子，说明你给自己确定了一个很高的目标，然

后达到这个目标。(Think and Act Decisively)

针对这个问题,我准备了两个 Case:①考研;②研究生科学技术协会主席竞选。

Case1:研究生科学技术协会主席竞选。

最自豪的例子是成功竞选校三大研究生社团之一的研究生科学技术协会主席一职。我在 2008 年 3 月份加入该协会,6 月份协会进行干部换届选举。因为自己出色的工作,协会的主席团将我作为重点培养对象,极力鼓励我参与主席的竞选。虽然我在本科时并没有太多学生工作经历,在协会任职也仅仅只有 3 个月,但我依旧决定全力以赴参与主席的竞选。为此,我为自己制定了相应的竞选策略,将整个竞选分为四个步骤。

因为我在协会资历尚浅,所以,首先我整理了自己对协会的认识,罗列了自己的疑惑,同时分析了自己竞选主席的优势、劣势、机遇以及挑战,进而确定从哪些方面去增强自己的竞选优势。

接下来,为了全方位地了解协会并认识自己,从协会主席团到各部门部长我逐一进行了访谈。访谈的内容主要包括四个方面:①协会的历史和现状,对协会各部门的运作的认识;②了解协会以往所面临的问题以及解决方案;③协会现在所面临的问题和需要改善的地方;④深入理解主席一职的含义及素质能力要求,咨询别人对我的意见。在访谈结束后,根据前期访谈的内容,经过自己系统思考后制作了演讲 PPT。

考虑到我并不是一个善于演讲的人,为了弥补这一弱势,在竞选前几天,我反反复复对着镜子演练,提高自己演讲的感染力。

在竞选当天,因为自己充实的演讲内容和精彩的竞职演说,我以高票当选为协会主席。

这件事情让我深刻地明白了自信的重要性,决定了做某件事情,就应该全力以赴,并且相信自己能够成功。当然,这次宝洁的面试我也是如此。

Case2:考研。

放弃本专业应用化学的保研,跨专业以专业第一名的成绩考取管理学院研究生。

在大三结束时,以我本科的成绩是可以保研的,但是经过对自己的深入分析后，我发现自己不适合做化学方面的科研工作，而更喜欢与人打交道的工作。进一步咨询了多方面的意见后，我放弃了众人羡慕的保研资格，也没有选择直接去工作，而是决定跨专业考管理学院的硕士研究生。

在做出这一决定后，为了弥补专业课的弱势，我经常去蹭管理学院开设的专业课，并深入钻研相关课程。在准备的过程中，我也面临了很大的诱惑，周围同学相继保研到很好的学校。很多人说你何必呢，保研多舒服，考研风险这么大，万一考不上什么都没有了。但是我从来没有退缩，而是按照自己完善的学习、复习计划一步一个脚印地往前走。

在考研前一天，因为天气比较寒冷，加之自己当时心态没有及时调整好，我一整夜都没有睡觉，但是既然参加了考研，无论如何都要坚持到底。最后自己还是顶住了巨大的压力，及时调整好心态去参加了考试。

功夫不负有心人，最终，我获得了 400 分的高分，名列专业第一，同时最难的专业课——运筹学也取得了 130 分的高分。这是我在本科阶段非常有挑战性的一件事情，我也很享受这种挑战。

(2) 请举例说明你在一项团队活动中如何团结他人，并且起到领导者的作用，并带领团队最终获得有希望的结果。(Leadership，Passion to Win)

Case：年会。

我曾经带领一个 20 人的团队完成××市第×届学术年会的策划执行工作。

2008 年 9 月份，在当选校研究生科学技术协会主席不久后，协会要举办武汉市第三届学术年会华中科技大学专场的工作。这时协会刚刚换届，人员由七十多个变为十几个，而且很多人兼职做班主任，非常繁忙，大家也没有举办大型活动的经验。

面对这一情况，我一方面妥善安排协会的日常工作，另一方面亲自负责该大型活动。

作为总策划，我首先为整个项目搭建了一个框架：将项目分为两个阶段，第一个阶段是活动总策划和嘉宾邀请，第二个阶段是活动的具体执行。

在第一阶段中，我邀请了协会的三名精英组成前期策划小组，负责活动方案的策划和嘉宾邀请。通过十几次反反复复的修改，我们最后确定了策划案。又经历了多次失败之后，我们改成嘉宾邀请策略，成功邀请到华中数控总经理向华先生、楚天激光董事长孙文先生、清华大学创业研究中心副主任雷家肃教授为活动做主题报告。

在第二个阶段中，我又将活动的整个执行工作分成四个小的项目即嘉宾接待、活动宣传、上午论坛、下午访谈，并抽调了二十余名协会成员参与到执行中。所有人员分成四个小组，由前期的策划人员作为小组领导，负责四个小项目的执行工作。

因为清晰的思路和整个组织协调的井井有序，我们活动成功举办，武汉市科协领导和副校长出席活动，吸引观众600人次；《武汉晚报》、《楚天金报》等做了相关报道，整个活动得到了校领导的一致好评。

这次活动对我是个很大的磨练，也让我收获了许多。我觉得作为一个团队领导，首先应该有思想、常思考、出思路，只有有了清晰的思路，别人才愿意跟着你一起奋战。另外，你还需要把合适的人放在合适的位置，只有这样才能激励你的核心团队努力工作。当然，作为领导者，还需要对项目的关键细节具有敏感性，能够保证关键细节不出差错。

(3) 请你描述一种情形，在这种情形中你必须去寻找相关的信息，发现关键的问题并且自己决定依照一些步骤来获得期望的结果。(Think and Act Decisively)

针对这个问题，我准备了两个 Case：①英语角的组建；②“说心里话”团会。

Case1：英语角的组建。

我在全校成功招募了7名英语爱好者，组建了一个英语学习小组，并制定了特殊的学习方式帮助大家提高自己的口语能力。

我一直非常想提高自己的口语能力，但发现在周围同学中很难找到志同道合者。而对于学校的口语角，一方面人太多，人员是变动的，交谈无法深入；另一方面锻炼方式单一，每次就随便说一说，效果不明显。我通过学校 BBS，发现在学校中很多人像我一样苦闷，找不到很好的口语锻炼平台。为此，一方面我制定了一套“学+练+战”的特殊锻炼方式，另外一方面通过 BBS 招募了7名口语爱好者。当然，为了保证团队的凝聚性，我严格控制了团队的人数，同时保证成员的英语水平都差不多，对英语有浓厚的兴趣。

因为我们良好的制度和锻炼方式，大家每练习一次都能感受到进步，成就感让团队凝聚在一起，氛围非常好。在这次口语角组建的过程中，我把握了大家提高口语的这一需求，针对性地设计了口语锻炼方式，同时合理地招募了团队成员，这才成功搭建了这样一个英语学习的平台。

Case2："说心里话"团会。

关于这方面，我想举这样一个例子：我曾经在班级开展了一个"说心里话"的团会，让班上每一个人敞开自己的心扉，倾诉内心深藏的情感，促进了班级的和谐。

具体情况是这样子的，在大二时，我是班级的团支书。因为大家来自五湖四海，有不同的性格习惯，所以一年多的交往在班级内部积累了很多的矛盾，尤其是寝室矛盾。针对这一问题，我想到举办一次敞开心扉的"说心里话"活动。有了这个创意后，我与其他班委商量了一下，但是大家不全部赞同，担心同学放不开，活动氛围会比较冷。但是我坚信这个活动能够办起来，因为矛盾的存在是确定的，大家也有倾诉的需求，迫切想改善和周围同学的关系，所以关键的问题是我能不能够调动大家内心深处的感情，让大家放开来说。

为了使活动成功举办，借教室、号召大家去活动现场的事情我都安排给其他班委去完成，而我的精力集中在如何引导大家敞开内心来交流这一关键问题上。

为此，我首先找了一些非常抒情的音乐，以便现场营造感人氛围。在活动开始后，我将教室的灯关掉了一半，整个教室比较暗淡，同时为大家播放了之前准备的抒情音乐。然后我讲了一段关于情感的话，并让大家静静沉思三分钟，回忆在内心深处深藏的感情。通过这一氛围的营造，大家都变严肃了，渐渐陷入了沉思。但是当号召大家上来讲述内心深处的感情时，依旧比较含蓄。

这时，我就让之前安排的"托"上台讲话，进一步引导大家。人很奇怪，有了第一个讲话的就会有第二个，接着越来越多的人上台讲述内心深藏的感情。

最后倾诉的氛围越来越热烈，甚至有的人上去讲了两次，活动演变成了一场忏悔。大家都叙说着寝室内的矛盾、对班级的看法、对他人的看法，相互道歉。

原本活动时间只是晚上7点到9点，但是最后大家被彼此的讲话所感染了，活动一直持续到晚上11点，连班上最内向的几个人都上台讲话了。

活动后，很多人都对我说，很感谢你给大家提供这样一个平台。这次活动虽然不像其他班级的团会那样轰动，但是对班级内部的影响是深远的，一方面解决了班级现有的矛盾，让班级更加和谐；另一方面，开启了人与人之间交流的新方式，以往大家有矛盾都是憋在内心里，但是这次活动告诉大家，敞开内心对话是解决矛盾最好的方式。

(4) 请你举一个例子说明你是怎样通过事实来说服别人的。(Integrity, Commitment)

Case：年会邀请嘉宾的策略。

在我曾经举办的大型活动中，在嘉宾邀请方案上，我们团队出现了严重分歧，我说服团队成员选择了正确的方案，最后成功邀请嘉宾参与活动。

当时我们是一个四人的策划小组，活动需要四个嘉宾，我们准备了一系列的候选嘉宾。开始时，我们采取的是一个一个邀请嘉宾的方案，后来我提出我们需要改变方案，同时邀请多个嘉宾。但是有一名成员激烈反对。所以我在团队内部召开了一次会议进行商讨。那名成员反对的理由是：我们只需要四个嘉宾，同时邀请多个嘉宾，有损学校诚信；另外，万一有四个以上嘉宾答应来，我们的活动该怎么办，岂不是忽悠了嘉宾。而我的观点是：首先，前期的失败经验告诉我们，邀请嘉宾非常困难，而且时间有限，我们没有充足的时间去一个一个邀请；另外，即使来了四个以上嘉宾，也没有关系，虽然我们之前的策划反反复复修改后已经确定了，但是多一个嘉宾，再将策划修改一下，也不会有太大影响。经过讨论后，小组成员基本同意我的观点，但是那名成员依旧坚持自己观点，不愿意去执行整个方案。为了进一步使小组意见达成统一，我又邀请了协会以往有经验的干部参与我们的会议，以他们的经验来告诉我们下一步的策略，所幸他们也很赞同我的观点。经过这次讨论后，那名小组成员才同意执行我的邀请方案。

正是因为我成功地说服了小组成员，使大家意见达成一致，凝聚力更强地去执行方案，从而成功邀请了嘉宾，保证了活动的及时开展。

这次经历给我的收获也是蛮大的，大家都是成年人，都有自己的观点，有时真的很难说服别人接受自己的观点。就像有人说的一样，世界上有两件事情最难，一件是得到别人口袋里的金钱，另一件是将自己的思想灌输给别人。所以我们在说服别人时，一方面要从别人的角度考虑，相互理解对方的想法，只有理解才能达成一致；另一方面，要学会利用身边的资源去说服别人。

(5) 请你举一个例子，说明在完成一项重要任务时，你是怎样和他人进行有效合作的。（Teamwork）

Case：科技十佳。

在这个方面，我的例子是我曾经和团队成员很好地合作，开辟了部门活动的新思路，保证了部门的长期发展。

事情具体是这样的：2008 年 5 月，我是研究生科学技术协会其中一个部门的普通一员，当时部门只做过“图书馆电子资源”的讲座，活动思路很单一。

我们决心开拓部门的活动思路，首先全部门进行头脑风暴，提出了“论文写作月”、“邀请海归派学者讲解国内外科研差异”、“邀请科研牛人分享科研心得”三条活动思路。最后将第一期活动思路放在把握最大的邀请学校第一线的科研工作者分享科研心得的活动上。

当时团队中总共有六个人，三个老成员，三个新成员，其中两个老成员学习比较忙，无法投入很多时间，一个新成员也因为对协会的认识存在偏差而缺乏激情，不愿意投入。但是开辟活动是艰辛的过程，需要大家投入很多时间。为了使大家更好地平衡自己的事情和协会的工作，我们根据各人自身的情况，分配了下一步的工作。因为我工作积极认真，我和部长成为活动的两个主要负责人，加上另外一名新成员，我们三人负责这次活动最困难的部分——邀请嘉宾。其他三名成员主要是在嘉宾确定后，参与到整个项目的执行中来，这样就减轻了他们的负担。

邀请嘉宾也是非常困难的，经历了一系列波折以后，我们邀请到两名校科技十佳参与活动，分享他们的科研心得与体会。

在嘉宾确定后，我们全组又召开了一次执行会议，采用自愿领任务的方式来分配任务，同时强调能者多劳，忙者少劳原则。学业比较忙的老成员负责网络宣传文稿，缺乏激情的新成员负责他所喜欢的设计现场调查问卷的工作，而其他比较积极的成员则负责联系主持人、媒体沟通等工作，因为当时我的时间比较充裕，为了帮助大家减轻负担，我主动承担了很多工作，争取让每一个人在活动中都满意自己的分工。正是因为这种考虑和大家良好的合作，所以虽然有些人比较忙，但大家做事都非常积极，努力把分内的事情做好。最后活动成功举办。

这次活动让我对团队有了深刻的理解，在一个团队中，首先应该保证所有成员对团队的目标和愿景达成一致，因为如果大家没有共同的认识，那么合作起来自然很难；其次，了解每个人在团队中的诉求，尽量去平衡个人诉求和团队目标；最后，大家在一起不仅仅是做事，而且还是交朋友，通过情感把团队凝聚起来。

(6) 请你举一个例子，说明你的一个有创意的建议曾经对一项计划的成功起到了重要的作用。(Innovation)

针对这个问题，我准备了两个 Case：①项目负责制的推行；②品牌创新改革。

我在担任校研究生科学技术协会主席期间，完成了两项制度的推陈革新，对协会的发展起到了极大的推动作用。

Case 1：项目负责制的推行。

协会以往的活动都是由部长带领部员去完成的，如此一来，部长工作量太大，很累，容易产生疲劳感，另外部员每次都是做贴海报或者其他细节的事情，缺乏进一步锻炼的机会，容易失去激情。为此，我在协会提出并推行了项目负责制，任何有热情和责任心的普通成员都有可能成为活动的总负责人，带领团队去完成活动。这项制度推行以后，部长从每期繁忙的活动中解放出来，有更多的时间去思考部门的建设与发展，部员有机会成为团队领导，从而做事更加有激情，整个团队更加和谐。整个制度调动了大家的积极性，在我任期时的活动数量提高了30%。

Case 2:品牌创新改革。

当时我们一个部门的定位是做"学术大牛"的讲座,另外一个部门的定位是"交叉学科论坛"。"学术大牛"的定位与学校"科学精神与实践讲座"重叠,缺乏优势,邀请嘉宾困难,活动上座率不高;而"交叉学科论坛",参与学生层次不高,论坛内容不深,性价比很低,实际上"交叉学科论坛"由各院系老师和博士牵头去做会更好。因此,我开始思考如何改进这两个部门的定位。

首先,我们通过以往活动的现场调查问卷搜集大家的意见,另外也对周围硕士、博士进行了访谈,咨询他们对我们活动的看法,最后我们将"学术大牛"的定位改为"实用软件",整个"交叉学科论坛"的定位改为"百优论坛",也就是邀请"百篇博士优秀论文"获得者分享写论文、做科研的心得与体会。

在实施这一改革后,"实用软件"的讲座因为定位符合观众需求,每场讲座人员爆满,活动效果受到大家好评;而"百优论坛"也经过一学期的酝酿,顺利展开了活动。

以前我的领导跟我说,你们在协会就是铁打的银盘,流水的兵,如果你们不努力做事,等你们离开协会了,你会发现你只是去走了一圈,并没有什么值得留念的东西。现在回过头来看,我在协会的创新留下了我的足迹,因为我现在还可以经常看到我所改组的两个部门延续了我当时的活动思路。

(7) 请你举一个具体的例子,说明你是怎样学习一门技能并且怎样将它应用于实际工作中的。(Self-learning)

Case:自学专业技能:数据分析软件……

其实对于这个问题,我回忆了半天自己的经历,好像也没有特别匹配的,但是我想分享三件相关的事情来说明我学习和运用知识的能力。第一件事,我在跨专业考研时,总分 400 分,名列专业第一名,而且让人望而生畏的运筹学专业课取得了 130 分的高分。第二件事,我曾经一周写完一篇综述性文章,让我的导师非常惊讶并极度赞赏。第三件事,我曾经一晚上从 8 点第一次接触电子相册制作软件,到凌晨 4 点做出非常漂亮的电子相册。

(8) 是否有在某一阶段同时承担多件事情的经历,自己是如何处理的?

Case:计划管理能力,在高压下把事情做好。

我觉得我是一个善于合理安排自己时间和事情的人,所以这样的例子并不多,如果确实是需要这样的例子的话,我就又回到了我宝贵的协会经历上。

在初任协会主席的前两个月,自己有四个角色:第一作为主席管理协会日常工作;第二兼职三个部门的副主席;第三成立独立的策划小组完成年会策划工作;第四实验室的事情。可以说那段时间,我的电话费每月都是一两百,因为事情实在太多了。但是虽然事情很多,经过合理安排和计划后,我还是协调得非常好。我按照事情的轻重缓急,将上述四个角色进行了一个排序划分,最重要最紧急的事情是年会,所以投入时间最多,基本上是三天一个会议。最重要不紧急的事情是主席事务,这一块按照常规做法,定期召开全体干部例会。同时通过电话与职能部门副主席商议相关事务,因为活动部门副主席也参加了年会,所以与其商议直接融入在了第一块年会的会议中。在副主席角色方面,因为有部长常规性地负责部门事务,所以这一角色的事情重要但不紧急,暂时比较放松,投入时间不多。实验室的事情主要是实验室的例会以及实验室内部交流活动,既不紧急也不重要,基本上是个打酱油的角色。

经过这一合理的安排,除了打篮球运动的时间没有了,我很好地撑过了那一段最繁忙的两个月。在两个月后,年会结束了,我也通过观察年会各成员的表现,提拔了一名副主席,最终使协会各项工作步入正轨。

回过头来想的话,自己也很怀念那繁忙的两个月时间,让我学会了如何去更好地计划、管理自己的生活,如何在面对压力时更好地处理事情。

(9) 处理紧急情况的例子。

Case:在一次比较重要的活动中,嘉宾突然说不能到场的突发情况。

在活动开始的前一天晚上,我们各项宣传工作已经进行了一个多星期,会场布置也刚刚完成,基本上活动已经不允许有变动的空间,但是我们的嘉宾突然打电话来说明天要离开武汉,不能参与我们的活动。当时大家感觉天都要塌下来了,这怎么可能,嘉宾怎么这么晚才说不能来。面对这一突发情况,我让负责联系嘉宾的成员打电话跟嘉宾进一步沟通他什么时候离开武汉，后来得知他是第二天上午 11 左右的飞机离开武汉。而我们的活动是上午 9 点开始，该嘉宾的报告是从 10 点半到 11 点半，经过商量后，我们决定把该嘉宾的报告时间安排在 9 点 20 到 10 点之间，然后再让嘉宾赶去飞机场。做出这样的调整后，我们又进一步与嘉宾沟通，告诉他他的出席对我们活动的重要性，看我们新的安排他是否能够接受。经过这一次沟通以后，嘉宾同意了我们的方案。第二天活动正式开始时，令我们意外的是嘉宾不仅自己出席，还携带了他的夫人一起出席，他做了半小时的汇报后就离开会场赶去飞机场，另外安排他的夫人给大家做了半小时的演讲。

（10）失败的例子。

Case：从本科学生会的不成功到研究生竞选主席的成功。

回忆我的本科阶段，我觉得自己的篮球技术进步了不少，但是学生会工作经历是我最大的遗憾。

在大一时，我加入了院系研究生会，因为自己思想的局限，我做事的心态并不那么成熟，很看重职位，而不是做了什么事情，最后因为在研会没有得到很好的发展就退了出来。这一直是自己的遗憾，后来我一直思考为什么自己没能做好。有幸在一次与院系研究生会主席张××（他已经在宝洁 CBD 工作两年了）的交流中，我认识了一个非常重要的道理“从做事中成长”，也就是我在做主席后，经常对大家讲的“职称不代表资历，经历不代表经验”。认识到自己的缺陷后，我从此改变了做事的心态，尝试着把每件小事都做好，并从小处创新不断精益求精。在加入校研究生科学技术协会以后，我不再关注职称，而是把经历投入到如何把事情做好，把团队建设好上。最后自己的工作业绩都得到了大家的一致认可，成功当选了协会主席。

以上就是我面试中准备的案例精华，真正面试的时间有限，这些例子最后也只是用了很少一部分。从我的经历看，我是个非常平凡的人，很多人都做了比我更加伟大的事情，有更加显赫的经历。但是宝洁是看一个人的潜质，而且我为宝洁付出了很多，所以我相信宝洁选择我是因为我证明了自己是与宝洁匹配的，当然任何求职也都存在一定的运气成分。

上述是我对宝洁的付出，并不是应聘每个公司都需要付出这么多，只是宝洁让我如此努力了。我相信，没有这些付出和努力，我不可能拿到宝洁的

offer，我也相信，其他的公司都一样，都是需要努力的，只是不同的形式和不同的程度罢了。另外我想说，宝洁只是一个公司而已，我们进去之后做的是非常基础的工作，也比较辛苦。找工作是看缘分、靠运气、努力了就行，结果很多时候并不是我们所能控制的。其实因为宝洁终面时自我感觉并不好，我对结果已经看淡了，只要尽力就行。对其他的公司也一样，努力是必须的，但是不要过于纠结最终结果。

好运气是建立在实力和努力之上的，学会去争取

很多人可能遇到过这样的情况，有个企业，你非常想进，宣讲会也听了，网申也认真做了，但是却没有给面试机会。是的，这种事情我也遇到过多次，非常郁闷，如果说进行了面试然后被淘汰了还情有可原，但是连见面都机会没有，这样莫名其妙地被淘汰了实在让人郁闷。不可否认，运气从来都是存在的，所以我们能否拿到最终的 offer 还是靠缘分了。但是如果没有实力和努力，这种好运的概率就会低很多。

在整个求职中，运气无处不在。去年申请宝洁的实习生时，我不知为何挂了。今年找工作正式申请时，我又挂了，但是我从来不放弃，挂了之后我联系多方资源，试图挽回这一局面。当时非常郁闷，自己很认真地网申了，还是挂掉了，很多人随便申请了，却通过了。后来又奇迹般地收到网申通过参加笔试的通知。在终面之前，我本来要去广州参加美孚的面试，但是却没有买到火车票，所以最终没去成，结果却赶上了宝洁的终面。

面对运气，我们并不是可以随意放纵，我们依旧可以去争取，去增大好运的概率。除上文谈到的努力之外，我所体会到的其他争取途径主要有：

(1) 利用宣讲会获取人脉资源。在公司的宣讲会上，往往会有往届的学长做经验交流，他们是很乐意与学弟学妹分享经验，帮助我们求职成功的。我们可以主动与他们交流，方便的话要一下私人的联系方式，以便在后续的求职中寻求帮助。我的目标企业之一是沙特基础工业公司的销售岗，之前也是认真地网申了，宣讲会也听了，也做好了笔记。但是运气不好，没有收到下一步面试的通知，但是我在宣讲会时留了一个学姐的联系方式，所以后来通过学姐获得了下一步的面试通知。很多时候简历的筛选不是公司亲自完成的，而是由其他机构代理的。这些代理机构有时责任心并不强，它只负责通过的人是符合基本要求的，但是至于是否淘汰了优秀人才，它不会关注，所以有时过不过网申就是看运气了。如果能利用宣讲会认识公司的人或者是提前联系认识的在公司工作的人，这种被误淘汰的可能就可以避免了。

（2）不要把目标限定死了，学会适当撒宽网。求职的不确定性太大了，有时候你很优秀，但面试官就是看你不爽，不要你，你也没有办法。有时候你知道有个公司来武汉招人，但是很有可能它所提供的岗位并不针对武汉地区。沙特基础工业公司招聘时在网上公布有技术类岗位，但是在武汉做宣讲时才告诉大家技术类岗位并不对武汉地区开放。由于这些不确定性，我们并不能确保自己投的公司都有面试机会，也不能保证面试自我感觉良好时，面试官一定会录用你。很多不对称的信息，我们都是不知道的，所以我们一定不能只局限于有限的几个企业。学会把网撒宽一点，用通俗点的话说，我投这么多公司，总得上一个吧。

（3）不要孤军奋战，不要做井底之蛙，要多方面获取信息。要了解一个公司最好的方式就是与其中值得信任的员工交流。每个公司的宣讲会都吹得天花乱坠，但是有几个公司是如实介绍的呢，我们又没有办法实际去考察，那么在那里工作的员工将成为我们获得真实信息的重要渠道。在求职美孚时，我通过网络，一层层地剥丝抽茧找到了一个已工作多年的学长的联系方式，联系上后，学长很热情地给我很多建议。求职沙特基础工业公司时，我也是在网络上找到了一个已工作员工的联系方式。所以我们不要总是一个人在那里默默准备，信息是开放的、变动的，我们需要通过各种途径去全面了解感兴趣的事物。

机会从来都是垂青于有准备的人，求职中运气是存在的，但是如果我们准备充分，那么这种运气就会变为好运。具备了实力就拥有了进入相应公司的资本，进行了努力就能够以最好的方式展现自己，拥有了好运就能最终进入自己的理想企业。求职只是人生的一小段履历，但是这段履历对后续的职业发展有重要影响。面对人生的这一关键点，我们有理由去尽自己最大的努力加入一个合适的企业开始新的生活。

网友评论

应届生论坛 ID：http://bbs.yingjiesheng.com	评论内容
07Iyi	楼主真是辛苦了，写下这么详细的面经，你人真的很好，you deserve your achievements。看到自己的差距了。回想起当初面试时的笨拙表现，I deserve it。唉，祝愿楼主前程似锦，也祝福大家都能拿到理想的 offer!
qmj8731	看了这个，不得不承认 P&G 招的果然都是精英。也许 LZ 与身边同样优秀的同学相比不觉得自己是牛人，但是放在广泛的毕业生中，可以称得上是“大牛”了。
janeliu0425	说实话，刚刚读楼主准备的宝洁八大问的案例时，心中不禁一阵感动。相信这样的经历面试官肯定也会被感动呢，谢谢你的分享，祝福楼主，一切顺利!
clair_bear	谢谢楼主，我一直认为自己找工作已经够努力了，现在才知道远远不够，而且自己就是一只井底之蛙而已。
sabrinaLOLO	恭喜楼主，看到你的求职经历真的很受启发，同时也很佩服，学习了。主动、上进、成长，要做的事情还很多，fighting。

第十一楼

一个上海交大学生几天猎头生活的感想

作者：佚名

十一楼佚名:上海交大工科男,毕业后进入某猎头公司。

感言:规划!系统地规划!

接触猎头行业后,发现 IT 行业有钱人真多

从来没有想过自己会加入这一行,从开始自己喜欢的通讯专业,到后来喜欢的管理,幻想过自己是专业高手,也幻想过成为管理专家,却从来没有想过进入这一行,但这事真的在我刚刚离开校园的时候发生了。短短几天,对这个行业有了一个感性认识,其实最让自己伤感的不是自己没有干这一行的经验,而是代理的人,要找的人都是年薪 100 万的。现在才发觉 IT 这一行有钱人真多,想想大家都在讨论一个月 3 000 还是 4 000 的时候,别人都是 100 万,而且多数都是没有结婚的 28~29 岁的年轻人,我在感叹做人的差距好大啊!最让人伤心的是,当我代理了 100 万的 case 打电话过去,很自豪地说帮他推荐职位,年薪 100 万时,那边传来的是轻蔑的笑声:我现在都 150 万了,你认为我会去考虑 100 万?

收集了 300 个人的资料,查了他们的经验背景,更让我接受不了的是里面只有一个清华,一个北邮,是我还熟悉的学校,其他的都是很烂的大学,而交大的一个也没有。和经理聊这个,他说如果你要找好大学的,在搞技术的年薪在 20 万~30 万的很多都是好大学毕业的。不解。

同志们,有钱人很多啊。其实我开始也不相信,经理拉我去那边的时候,说他们都代理年薪百万的职位,我还以为他吹牛,因为我们刚离开大学的时候大家都在为多拿几百快钱绞尽脑汁的时候,别人的薪水怎么能以如此快的数量级上升。

有位网友让我拿出证据,其实还需要拿吗,今天我特地又把大概的资料翻了一下,更确信了我的说法。给大家讲一个笑话,每次约 candidate 的时候,他们都开车过来,而那天收到一个清华 GG 的简历,感觉他技术基础很扎实,想把一个技术主管的位置介绍给他，让他来我们office。我打听到他住的地方和我们的office大概是开车10分钟的路程，我说我们半个小时后见，他说可能赶不到，这位哥们一句话差点让我把喝在口中的水喷出来，他说他骑自行车过去怕赶不上，老兄你花10块钱打个车不行嘛，你应聘的可是70万的职位啊。

其实大家都认为猎头就是中介，那可大错特错，猎头的信息量大得让我刚刚进去的时候吓了一跳，他们几乎有所有IT公司人员的联系方式，而且是手机号码(我现在都不明白他们是怎么搞到的)。

兄弟们，大家想赚大钱的话，要么自己创业，要么去那些高端技术企业做销售(想想EMC高端storage一台1million，你认为利润是多少呢?)。在大公司里面搞科研，可以让你饿不着，但永远富不起来(当然有例外的)。

真的，我也想不明白怎么我看拿百万年薪的好大学毕业的少得可怜，原来我想有点少，但至少不会少到我看一百份简历只有2～3份是从好大学毕业的吧？我同意从好大学出来的人素质高，但竞争能力怎么那么差呢?

还有现在国外大的IT企业在中国一般都是扁平化管理，只有四层管理层，最上面两层的80%是香港和台湾人，而我们只能在最下边两层徘徊，唉。我就想不明白了，我们已经开放20多年了，怎么老美还是不愿意雇用本地人呢?

不知道大家感兴趣的是猎头的工作还是那一群拿高薪的人?

我原来也接触过一些有钱人，但每次都告诉自己每个社会都有一些暴发户来聊以自慰，可是天天都在和这一群高收入者接触，暴发户的现象完全消失，自卑感可想而知，其实这种自卑不是来自他们的高收入，而是他们对行业的理解，对市场的嗅觉，对整个行业食物链的把脉，他们和我们理解的单片机、MOS逻辑电路是完全不同的概念。我们都知道一个公司要发展，市场和技术缺一不可，问题是技术方面有我们这些好大学毕业的学生来填补空缺但却弱化了技术人员的薪资，使搞技术的处于饿不着也富不起来的尴尬境地。而对公司来说，来钱的地方只有市场，我们当然知道没有技术支撑这些都是扯谈，这没有错，错的是我们认为大家都这么想，其实也只有我们搞技术的会这么想，想想一个卖通讯计费软件的销售人员2个月搞定的一个单子是2 000万，而利润是1 000万(这完全是真实的事情，如果有些人还让我拿出证据，我只能笑你对这一行太不了解)，而且他手下没有管理其他人，只是一个一线销售人员，你说这个销售人员是应该拿 300 万还是 400 万的年薪呢？我们搞通讯的都知道 CDMA 比 GSM 优越得多，而且都在预计它会取代 GSM，CDMA 的技术早就已经成熟，以前 Mototrola（中国）匆匆上马 CDMA，最后失败，引起 Motorola 高层的震荡，从而血洗了一片决策高层。每个公司都投入大量资金给科研，如果你以为是给科研人员的薪水，那又错了，那些钱都是做实验的，而投入到市场上面的钱都进入了老板的腰包。

IT 行业有钱人的共性

我在和一个在著名 IT 公司搞 Marketing 的福州大学 29 岁很干练的经理人面谈时，我们不知怎么聊到了 SUN，他的公司代理的产品和 SUN 的产品几乎完全不同，我以前也读了很多关于 SUN 的文章，从它的发家到成长到丑闻，而这位仁兄对 SUN 的了解程度让我直冒冷汗，他连当天美国 SUN 的股价都说得很清楚，更别提 SUN 的系列产品和对它未来的预测。而他仅仅是福州大学的小本。前面有个网友让我描述一下他们的背景，这个统计起来有点难度，不过我可以肯定地告诉你们，他们有一个共同的东西，那就是人格魅力。

大家一谈创业都在犹豫，其实当你犹豫的时候你已经失败一半了，不信你去清华 BBS 上面的创业版看看，那里面多数人都在问：有谁创业成功的吗？怎么搞第一桶金？你们问的时候你已经失败了，我肯定地告诉你，在你问的同时，好多人已经开始做了，创业成功的人不会来这儿的。

对于那些拿高薪的人除了他们的共性、人格魅力外，还有就是他们都有完整的职业规划，这是他们成功的先决条件，如果一个人一开始的希望都是能不能找到工作，那么他也不会有长远的规划。猎头们看 candidate 简历的时候，首先看的是他们工作的公司和跳槽的经历，如果你每年都跳一次，那么我告诉你你被猎头看上的机会很少，专业的猎头公司清楚地明白在代理这一行哪个公司的员工最有竞争力。很多同学都认为去大公司对以后的工作有好处，这不竟然，大家喜欢去四大，那是因为四大会把你培养得很有综合竞争力，所以很少有猎头去 IBM 挖人，那边出来的人没有太大的竞争力，因为在那个庞大的组织里面分得太细，出来的员工基本不会是多面手，这可能也是 IBM 高明的地方，所以 IBM 的员工相对比较稳定，但对于一个员工的职业规划来说，IBM 不是一个好的去处。

做技术，还是做管理或者销售？

究竟做什么岗位关键是对个人综合素质的培养程度，同时我们应该知道公司永远都是市场驱动而不是产品驱动，这个先决条件决定搞管理、销售的人拿高薪的可能性要大得多。有好多人都说，先搞两年技术再转管理或者销售，其实你错了，虽然你两年的技术对你将来的管理或销售是有点帮助，毕竟你花了两年的时间在技术上面，但是别人已经直接在管理或销售上面干了两年。所以我刚刚在电脑上面大概统计了一下，高薪中管理或销售方面的人才开始是做技术转过来的年龄都偏大，所以如果你致力于搞管理或销售，那么就直接去找这方面的工作，而不要浪费时间去搞两年技术，因为一到管理层或销售岗位对技术背景的要求就会淡化很多，而且愈高愈明显。当然你的工科背景对你以后的管理或销售绝对是个很大的帮助（现在我们那几个专业猎头，他们都是很有经验的专业顾问，但他们都不是工科背景，我的工科背景在猎头公司就很占优势，而且猎取的成功率也要高得多）。如果有些人既不想放弃技术，又不想一心搞技术，那么技术支持就不错。技术支持分为售前技术支持和售后技术支持，我的建议是，如果你外向一点就选择售前，那边很锻炼人，不仅要技术，还要和很多人打交道，而且多数薪水比售后要高。在这样的岗位工作 5～6 年薪水都会达到 20 万～30 万/年，以后跳槽的机会也比较多，而售后这块薪水不是很高，但技术含量比较高，以后跳槽也不容易。

当然如果是想搞技术的，研发部门就是最好的选择，每个人都有自己的喜爱，而且钱不是衡量个人成功的唯一标准，研发部里面高薪的情况很少，除非是那种很核心技术的。不过国外 IT 公司的核心技术都放在总部研发，而且研发主管的薪水都比较可观，不过研发部里面都是牛校的博士，一个硕士和小本在那边爬上去的可能性太小。

IT行业女性的苦衷

我的一个candidate，她35岁，工学研究生，北大EMBA工商管理硕士，一个本土IT公司总经理，年营业额4亿。本来她把简历投过来的时候，告诉我因为和董事长经营理念不是很相同，想走。我手头上没有和她很匹配的职位，主要是开始时很重要的职位老板都没有给我做(其实我是个新手，什么东西都在学)，但她希望和我保持联系。一天早上，她打过来电话说下午会路过我们公司这边，希望和我见个面，本来我下午3点约了一个客户经理，后来我说3点半吧。3点半到的时候，她很准时，我约的那个人还没有走，让她等了10分钟，会客厅被其他同事占用着，我们就一起去了公司下面的一个咖啡厅。开始我们聊得很投机，因为我现在手里销售经理类职位比较多，她想要CEO或者COO的职位。然后我们一起聊她现在的公司，她从助理做起到最后总经理，她给我讲了她出去拿单的经历、和员工的沟通、和老板的交流，说得很感性，语速很慢。我们都要了冷咖啡，她告诉我她不喜欢加糖，她喜欢慢慢品尝。当讲到她陪客户喝酒、陪客户疯狂时，她声音变得很小。她说起她读EMBA时的抱负，还有自己的经营理念时，她突然问我："我们活着是为了什么?"然后哭了，对于她的突然变化，我有点措手不及，不知道怎么办，我很坦诚地告诉她，我每天都在面对比自己优秀得多的人，我很亢奋，甚至有点紧张，不过我很少和candidate从心理上去沟通过，我都是想用最专业的眼光和规划与他们交流，因为我一直想使自己变得更专业。我说我的缺点很明显，我普通话不怎么好，但我尝试和用不同的方式与别人交流，让别人认可我，我是一个从不放弃的人，我的努力让我踏实，对事业方面，我们没有可比性，你很成功，你开的是宝马，如果不是工作的关系，这么高档的咖啡厅我要等几年后才可以光顾。

这个时候她平静了许多，她告诉我，她很少流泪，甚至在丈夫面前，让她苦恼的是，这个多变的社会大家都不按常理出牌，你永远不知道别人下一张会出什么牌。人前大家都是正人君子，背后却刀光剑影。她说不是因为压力，每个行业都有压力，普通的工程师也有压力，而是在思考选择什么样的生活方式，觉得工作里面有很多恶心的地方。女性在IT这个群体里面还处于弱势，而且永远会是这样。最后她告诉我希望她不是我的candidate，而是我的朋友。咖啡厅里放着轻音乐，相差一个轮回的两个人就在那边无语地坐了半个小时。

关于猎头这个行业

和网友的交流让我很感动，大家对这群人的陌生，对他们的好奇，还有为什么我们这个不够专业的猎头公司代理的却是最高的职位。我可以告诉大家唯一的理由是他们和每个IT公司的高层都很熟，这也是本土猎头公司跟我们没法竞争的地方。

有一天上午比较忙，连续约了好几个candidate谈，下午有点困就没有约人过来，老板那边又接到一个单子，180万的年薪，唉！我自己要是开公司能接到这样的单子就爽死了，一般一个月就可以搞定，然后可以拿到他们年薪的30%，就是54万，而一个公司10个员工总的开支包含office电话费也就3万，每月平均可以有10个case，当然一般都是60万～100万的，呵呵，钱基本被老板拿去，唉，不平衡。我相信有很多职位都很有压力，但也有好多职位每天就是数钱，例如我的老板，资本家啊，不平衡。今天就谈一下猎头的程序吧，因为我也是新手，了解的也只是很小的一个部分，不过这样我更会真实地记录下来。

猎头英文是headhunter，专门找head(头)的行业，这里面的头有两方面的意思，一个是智慧，就是那些有才华的人，一个就是头目，一般都是经理、总裁级的人，所以大家会误会猎头公司只是高级中介，其实有点错误，我开始时想尝试找一个确切的猎头公司的定义，不过比较难，这个行业一直都是很模糊的定义。猎头找的是那些永远不愁没有工作的人，而中介只是帮那些在找工作和找不到工作的人找工作。猎头在美国发展得最规范，正规的猎头都会包含人员的科学测试和培训，公司机构和人力的咨询等，而中国只停留在很狭小的范围，相对粗糙得多，像上海这类公司有400多家，于是就导致好多公司很底层的职位猎头都会去代理，从而沦落为简单的中介，几个月都拿不到一个大的单子。

好多人都想一毕业就进入这个行业，几天粗糙的了解给我的印象是一个专业的猎头人要具备Knowledge、Professional、Discernment三个要素。这个行业对猎头知识的要求就是对整个行业的了解，给你一个case，你要在半个小时内确定搜寻的范围，包括哪些公司、哪些部门、可以挖到的相关的人；然后是Professional，这个不仅仅是猎头这行业，其他所有行业都这样，外在主要是指穿着方面，内在主要指沟通方式，你的专业性会让公司对你有信心，给你更多的单子，让你的candidate更愿意把自己托付给你；最后的Discernment是出成果最重要的一环，你要对你推荐的candidate作出至少70%以上的判断，这方面每个人采用的方法不同，有的喜欢打听candidate身边的人，有的喜欢用test，而我个人比较喜欢面视时的聊天，当然有些人很会谈，很会包装自己，不过猎头都比较喜欢没有包装的、真实的你，其实这样对公司也是对个人负责，因为工作是长期的，所以我一般都会选择那些just be yourself的人。所以刚刚毕业的学生可以做这一行，但很有难度，例如我，几乎每天都在学习，和每个经理人聊天都是在给自己上课，只是我适应得比较快。

切莫频繁跳槽

还有我特别想提到的是大家不要频繁跳槽，昨天我推荐给公司的两个人都是因为每年跳一次槽的理由被公司退了回来，越到高层对频繁跳越敏感。上次有些人问我给大家建议的是直接去做销售和管理，怀疑刚开始去做管理不太可能，其实你错了，我最近就接触了好几个刚刚毕业的本科生去做项目主管的case，这太有可能了，一般的工程项目，技术含量要求不高，有一定的组织能力完全可以胜任，而且做项目的灰色收入也是可观的哟。

上次有人提到销售淘汰率很高，这是事实，本来人生就是金字塔，你要想在上面就要接受残酷的淘汰，而做技术淘汰率低是因为你是从好的大学毕业的，本身就是在金字塔的上面，销售只不过是对不同大学刚刚毕业学生重新洗牌而已。而对于管理而言，天赋占很大比重，而且对资源的调配、对市场的灵敏度、对员工的沟通，这方面的要求是全面的。

今天有点累，本来上午想统计一下，这群上层人物的工作经历，统计了一半，后来接连面了好几个人，就没有统计完，希望明天可以搞定，给大家看看他们的工作历程，怎样在短短几年里可以拿到那么多薪水。下午和一个 Microsoft 的经理级人物面谈，然后就一起吃了饭，他一个很魅力型的人，两个人点了很多菜，喝了点红酒。我当时直犯愁，钱包里面只有 300 块钱，最后他很礼貌地买了单，我强烈要求我买，他拿出信用卡说这是 Gates 的钱，我们大笑，一共 920 块，我现在还后怕，他如果真让我付，我可怎么收场啊，钱包只有 300 块啊。

其实和公司几个很有经验的 consultant 比，我的能力只会比他们强，但他们面试时表现出来的老道确实我让我甘拜下风，因为做 IT 行业就那么几个人(我说的那几个牛人)，每次面试的时候很少涉及技术方面，都是在讨论哪个公司(管理)重新洗牌，哪片战场(销售)还有打的可能，哪个人从那个公司跳到另一个公司，带走一班人马，他的那个朋友在那个部门可以给他第一单，哪个公司更有挑战性，哪个公司可以让你折寿几年，Oracle 的单打独斗和霸道，IBM 的 teamwork，惠普游离于中间，SUN 的日落西山，Dell 的咄咄逼人，Hitachi 的教条，就那么点人在 IT 公司之间不停地换位，几句聊天中，你就可以知道 candidate 的人脉关系、管理和营销理念。因为我们代理的都是经理级的人，所以不管挖他们去做技术主管，还是公司主管或者销售主管，技术都不是我们关心的范围。

我在写的时候收到一个网友发来的很诚恳的探讨，这位朋友，原谅我没有得到你的容许就直接引用你的话，原话：以前在学校找工作面试的时候，有幸跟东芝的中国区经理谈了一个多小时。当时记得比较清楚的就是，这位经理告诉我，工作之后，有一个高质量的朋友圈相当重要，因为这样就可以更有效地交流和学习。

自己交往的人真的可以决定你的成功有多大，因为他们不仅给你帮助还给你资讯，更重要的是给你带来潜移默化的影响，我敢说干了这么短时间的猎头，以后不管做什么都是我一生巨大的财富。

IT 行业高端职位人群的抽样统计

以下是我统计的这群 candidate 的一些背景数据：

(1) 80 人中，女性 16 个，男性 64 个；

(2) 公司管理人员 32 人，销售经理 40 人，技术主管 8 人；

(3) 学历：本科 56 人，研究生 18 人（其中 MBA 8 人），博士 6 人，没有人是本科以下的，可见本科还是大家成功的敲门砖；

(4) 好大学（我说的好大学就是我们大家心里明白的那几所）7 人，其他的 73 人；

(5) 工科 62 人，非工科 18 人，工科是压倒性多数；

(6) 平均年龄 31 岁，最小的 25 岁，最大的 42 岁；

(7) 跳槽的频率是 3 次，也就是平均 3 年半跳一次，一般 IBM、HP 的时间都有 7～8 年，其他的 2 年多，2 年以下的很少。到经理级别的 26～29 岁最多，所以 27 岁（一般工作 2～4 年）是大家的一道坎，这个时候跳一下 promote 到经理级，以后机会就不多了；然后 32～35 岁又是一道坎，能 promote 到 director，这关过不去的话，那么你在小经理这边呆着吧，慢慢熬时间拿点福利；35 岁也是一个 promote 到 VP、GM 的最好时间，一般过了 40 岁，猎头是不会推荐你的，除非你特牛（特牛的人年纪对他没有障碍）。

感受成功 IT 人的魅力

上次有人问我，魅力究竟是什么，其实我也说不明白，我的理解是他所散发的那种气质、那种素养，让你不自觉地想去学习、模仿。因为代理的是高端职位，离普通人比较遥远，但却是我们每个人都一直向往的。当然钱不是衡量成功的唯一标准，但我描述的是那一群职业的经理人、职业的销售人员，而不是暴发户，他们身上迸发出来的是一种力量、一种信心。我不知道大家爱不爱看中央台的《对话》节目，其实每天我都在与一群人对话，所以我每次晚上回来的时候都在想，那些主持对话节目的人，他们每次谈话结束后也会和我有一样的失落感吧。用一句人格魅力去描绘这群人太虚了，我也一直在寻找他们成功的理由，我们知道一个人成才无非是实力加运气，这样的描述对于我们普通人没有任何意义。

星期四上午在咖啡吧面试了一个 IT 元老，原来他已经隐退，不过最后那个职位没有其他人合适，和同事商量以后还是决定挖他。约他出来的时候没有什么难度，他驾车带我们去他认为是最好的咖啡吧，安静而且优雅，他说以前每次累的时候都会一个人来这儿。聊起现在的 IT 市场，他说他还是很怀恋以前，可惜中国最早搞 IT 的那批人基本已经隐退了，而现在市场竞争激烈，利润下滑，出现了大量的新人。最后他还是没同意出山，我们代理的那个位置还空着，也许他同意和我们见面，只想聊个天吧。最后我要他给我点建议，他问我什么方面的建议，我说职业经理人成功方面的，他想了想说："无止境地追求卓越，这种人要求自己是英雄，这样也是给别人尊重和自己信心的唯一方法，同时也严格要求别人达到他的水准。在工作上，他们会要求自己与下属更多、更快、更好地交流，IT 行业大家都是在和时间赛跑，不管是技术还是市场。"

说实在的，我们这边代理的销售方面的人才比较多，主要是销售方面的 mobility 高，很多人不喜欢销售，可是不菲的薪酬终究还是有很大的吸引力。当然，除此之外，销售这份具有挑战性的职业也让人有很多其他方面的收获：眼界开阔了，能力提高了，而且激发了不少自己原来没有发现的潜能。

面试经验：Just Be Yourself

最近公司的单子很多，并不是 IT 市场好转，而是几大 IT 公司都在洗牌，我知道几家著名的IT公司上半年都在震荡，所以对有经验的人来说，最近一段时间出手是很好的时机，过了这段时间相对会清淡些。但由于中国经济的巨大磁场作用，好多IT公司都来开办事处，去那些办事处比去大公司有前途，他们设办事处时一旦发觉中国市场巨大，就都会大举进入中国市场，那个时候你就是元老了，一般公司都是设2年办事处，然后大举进攻。

有人在风中哭泣，有人迎风放屁，对于没有工作经验的我们来说，你最需要适应的，一是听别人的声音，二是闻别人的味道。其实好多公司不招应届生的原因除了应届生没有工作经验之外，就是跳槽频繁，从我们公司内部的一份数据也可以清楚地看出，刚刚工作的人跳槽频率最高，这也可能和大家开始时对职场的模糊认识有关，太多地关注薪水而不是长远发展，所以我建议大家找工作的时候与其花很多时间在找面试技巧、谈判技巧上面，不如花多点时间考虑自己的工作切入点。

和大公司的HR经理聊的时候，他们多数也都喜欢真实的你，我上次也提到过，面试需要准备，但不需要包装，just be yourself，你的包装在有经验的HR和部门经理面前很容易被看穿，而且他们包括我都会反感包装后的candidate。当然强调自己的优点，淡化自己的缺点是必要的。

高年薪阶层人士的经历，都有一个共同点就是跳槽经历非常少，一般5到8年才跳一次，甚至要10年以上才跳一次，关键在于其最初择业的时候非常清楚自己要选择什么行业，而不是像现在的大学生那样频繁地跳槽。跳槽如果跳得能够反映出毕业生有系统的规划，有明确的目标，还是会获得企业的青睐的。如果毕业生一直在追求自己的理想，虽然不停地跳槽，但是执著地向自己的目标在前进的话，公司还是会考虑录用这样的人才。但如果毕业生工作一年半以内就频繁换工作，一般公司也坚决不会考虑的。

所以我们猎头挑人的时候，第一眼看简历就是看跳槽的频率，这也是猎头行业达成的共识。虽然我们的存在也在促使跳槽的发生，但那只是人才的合理调配，我承认好多猎头公司会不负责任地挖人，但是好的猎头公司不仅为公司找到合适的人，也会为我们的candidate定下长远的职业规划，不是为了挖人而挖人，相反有时候我和他们面试时，我会建议他不要跳，嘻嘻，虽然我也是新人，不过在他们面前还是要装得professional一点。

给大家的建议：提早规划你的职业生涯

小常识："高级蓝领"是蓝领人才的较高层次，其最重要的特点在于它不以理论和管理方面的综合素质为判定标准，而以实际动手能力为判定标准，一个合格的"高级蓝领"应当具备相当丰富的实际动手经验，应该属于操作型人才。"低级白领"主要指办公室行政人员，他们从事的是单纯的脑力劳动，不同的是他们的脑力劳动技术、知识含量比较低，可替代性比较大。虽然小白领可替代性强，但每天穿行于商业大楼，过着小资一样的生活让他们很自我，这也是我为什么想离开现在的猎头去另一家公司做项目主管的原因。

我不批判任何人，每个人都有自己看待成功的角度，无须认为那些不可理解、存在的就是合理的，不过我的文章是真实的、片面的，我自己也承认这点，解读是大家的事。至于每个成功的人的家庭背景，不是我考证的范围，再说，每个社会都有不平等，成功有成功的理由，方式不同而已，大家在羡慕嫉妒的时候，为什么不能踏实地去做？我们要学着适应社会，而不是让社会来适应我们。

我没有太多的建议给大家，唯一的就是规划，系统地规划，道理大家都懂，可惜有几个人真正去规划过？好多人还不是盲目地找工作？猎头找有经验的人时可以不理会他的大学教育，但对应届的大学生而且还是看重的，好大学的学生更有可能有系统的规划，因为选择的余地大，而差点的大学的学生，刚刚毕业时也许仅仅会为找到一份工作而奔波。

我想就写到这儿了，不能再写下去了，因为涉及太多的商业秘密、职业道德方面，继续写下去的话会有好多东西将会无法控制。

外面传来的歌声是："为了生活，人们四处奔波"。现在心里有些伤感，我也想坚持写下去，写到我离开的那一天，对于想赚第一笔金的我来说，每天和 candidate 聊天都让我很失落。重要的是我们都还年轻，这是我们最大的资本，房子、车子、女朋友，什么都没有，那又怎么样？调整自己的平台，站得高就可以望得远。因为我们年轻。

网友评论

应届生论坛 ID: http://bbs. yingjiesheng. com	评论内容
duncan_lee	突然发现自己要学的东西还有很多，虽然只是一个本科生，但是我们年轻，我们有十足的干劲和不服输的勇气，我们坚持着。
harrison. jin	职业规划，不断摸索、不断思考、不断修正自己的方位！更职业，更积极，更专注。
laihanfang	读了个通透啊！我明白了一点：传奇是用汗水和辛勤写出来的。我也要写自己的传奇。
lehidc	受启发啊，我也是即将毕业的小本，唉，职业规划，每天都在说，但是如何真正去做却是另外一回事，难啊，不过再难也会继续努力滴！
hang12195	文章很中肯，谢谢楼主！让我看到了自身的问题所在，很同意文章的说法，完整的职业规划，能够有高质量的朋友圈，的确是我这个求职路上的小硕需要认真考虑的问题。好多次都想过给自己一个规划，结果还是没有答案，这也是我最苦恼的问题。

附 录

应届生求职网 YingJieSheng. COM 简介

● 公司简介

应届生求职网 YingJieSheng. COM 成立于 2005 年 9 月，是中国第一个专门面向大学生及在校生的求职招聘网站。

应届生求职网 YingJieSheng. COM 向大学生及在校生提供最新、最全、最准确的校园全职招聘、实习招聘、兼职招聘、企业宣讲会、招聘会、企业招聘截止日期等招聘信息，并同时提供职业测评、应聘指导等求职就业资讯及辅导。

应届生求职网 YingJieSheng. COM 始终以大学生需求为导向，注重给大学生提供最满意的网上求职服务体验，用权威、高效的专业服务做好大学生与社会的对接。

据中国权威互联网研究机构艾瑞(iResearch)的最新招聘网站排名数据显示，应届生求职网 YingJieSheng. COM 在校园招聘领域中排名第一，在所有招聘网站中排名第四，是中国前十的招聘网站中唯一一个专门面向大学生及在校生的求职网站，其覆盖的大学生人群数已超过其他社会招聘网站校园招聘频道的总和。

● 公司使命

我们致力于帮助每一个大学生成功就业、融入社会、实现人生价值。

● 公司愿景

以促进大学生就业为己任，通过开放的网络技术、专业权威的服务，打造中国大学生求职第一网站。

● 公司价值

为学生创造价值；

为企业创造价值；

为员工创造价值；

为社会创造价值。

更多最新校园招聘、实习招聘信息以及求职资料，请访问：

应届生求职网 YingJieSheng. COMhttp://www. yingjiesheng. com

原文出处

[1] fany0027. 每个人都有个传奇(08 届学姐的传奇求学求职路)[OL]. http://bbs. yingjiesheng. com/thread-4781-1-1. html

[2] fabulous_q. 从事业单位到银行的真实感悟，谨以此文纪念我两年来的工作经历[OL]. http://bbs. yingjiesheng. com/thread-1097745-1-1. html

[3] 佚名. 一个同济的女孩的就业之路，人生感想(推荐，很感动)[OL]. http://bbs. yingjiesheng. com/thread-5471-1-1. html

[4] KOsialfeP. 那些年，我们一起追的 offer[OL]. http://bbs. yingjiesheng. com/thread-1208577-1-1. html

[5] zypcrazyboy. 多少 80 后在北京苦逼生活的 Jrs? 我来讲讲我身边[OL]. http://bbs. yingjiesheng. com/thread-1124420-1-1. html

[6] tangtiantiti. Titi 的求职旅程——最精心、最真实、最细致的点滴实时记录[OL].

http://bbs.yingjiesheng.com/thread-1119701-1-1.html
[7] homeless. 非名校生无海投不网申，10 分钟秒杀 Top 公关 offer! [OL].
http://bbs.yingjiesheng.com/thread-1109157-1-1.html
[8] Tovey. 外企还是国企？一个“过来人”的些许感触
http://bbs.yingjiesheng.com/thread-1024613-1-1.html
[9] apple1233321. 非牛人非牛校的非正常留学工作经历[OL].
http://bbs.yingjiesheng.com/thread-875392-1-1.html
[10] 匿名. 求职感悟[OL].
http://bbs.yingjiesheng.com/thread-760115-1-1.html
[11] 佚名. 一个上海交大学生几天猎头生活的感想[OL].
http://bbs.yingjiesheng.com/thread-7312-1-1.html

《应届生求职面试全攻略》

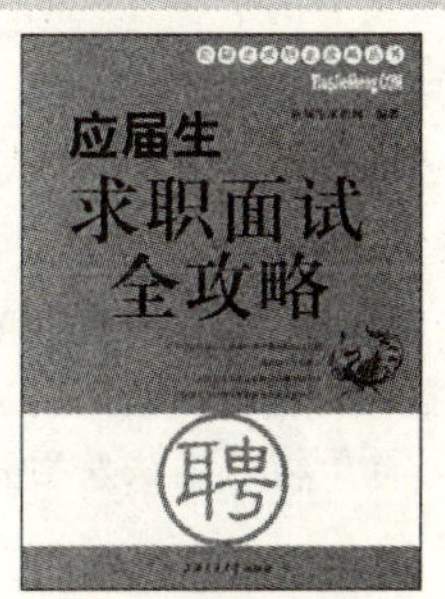

应届生求职面试全攻略
定价:25.00 元

《应届生求职面试全攻略》完全针对应届生在校园招聘中遇到的面试问题,深入讲解了电话面试、小组面试、AC 面试、行为面试、压力面试、结构化面试等面试类型,破解攻克各个类型面试的应对秘诀,全面覆盖不同行业、知名企业校园招聘面试真实情境,配以大量超值过来人面试实例,资深人力资源专家亲自执笔进行案例点评,皆为金玉良言。一书在手,让找工作的同学们在遭遇五花八门的面试,直面各个单位 HR 的时候都能镇定自若,帮你成功通过人生第一份工作的最后一关!

《应届生银行求职全攻略》(第二版)

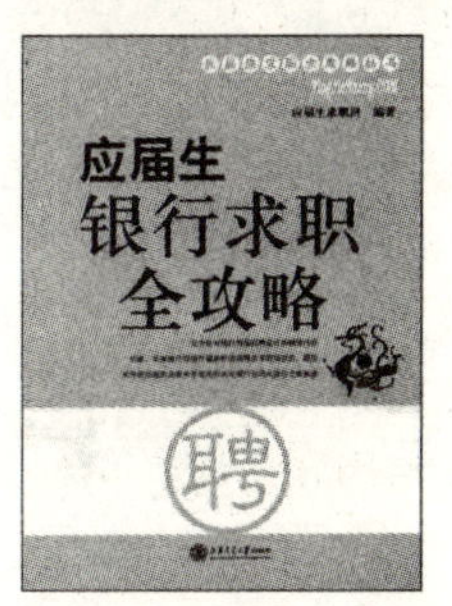

应届生银行求职全攻略
定价:32.00 元

银行是大学毕业生最热门的求职行业,每年各大银行校园招聘的应聘者数以百万计,而最终能通过层层筛选、严格考验进入银行的却是这百万大军中的很小一部分。《应届生银行求职全攻略》详细介绍了银行校园招聘笔试的常考知识点、笔试题型及笔试内容,以及历年银行校园招聘的流程以及如何应考银行笔试的经验。针对银行校园招聘笔试,本书总结了各大银行的笔试形式、笔试特点,并归纳了常考知识点。本书提供了一套附参考答案的金融基础知识模拟题集以及两套附参考答案的银行笔试模拟题,供读者复习演练。最后,本书汇总了部分热门银行的最新校园招聘笔试真题及笔试经验,并提供相关银行往年的校园招聘流程供读者参考。

《应届生会计师事务所求职全攻略》

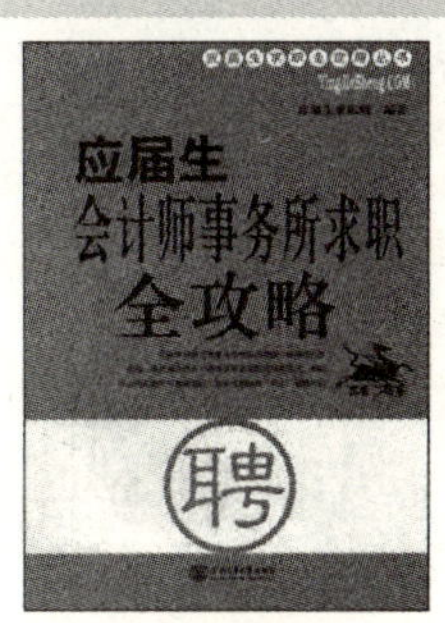

应届生会计师事务所求职全攻略
定价:25.00 元

《应届生会计师事务所求职全攻略》系统全面,针对性强,详细介绍了会计师事务所行业及其职业特点,四大会计师事务所(毕马威、德勤、普华永道、安永)校园招聘笔试、面试形式及内容,以及历年“四大”校园招聘的流程以及如何应考会计师事务所的经验。针对“四大”校园招聘笔试及面试,本书总结了“四大”各家的笔试形式、笔试特点并给出参考例题及答案,面试形式、面试特点、常见面试问题及应答建议,是成功进入“四大”的圣经宝典。